AF546717

Das Kochbuch des Apicius

Titelbild der Martin Lister'schen Apicius-Ausgabe
Amsterdam 1709

Das Kochbuch des Apicius

Rezepte aus dem alten Rom

Ins Deutsche übertragen und bearbeitet von
von Richard Gollmer

Anaconda

De re coquinaria (»Über die Kochkunst«) gilt als das älteste Kochbuch der Welt. Im 1. nachchristlichen Jahrhundert zusammengestellt, stammt der überlieferte Text in der heutigen Fassung aus dem 3. oder 4. Jahrhundert. Dem vorliegenden Band liegt *Das Apicius-Kochbuch aus der römischen Kaiserzeit.* Ins Deutsche übertragen und bearbeitet von Richard Gollmer, Carl Hinstorffs Verlag, Rostock 1928, zugrunde. Orthografie und Interpunktion wurden unter Wahrung von grammatischen Eigenheiten auf neue Rechtschreibung umgestellt.

Penguin Random House Verlagsgruppe FSC® N001967

Die Deutsche Nationalbibliothek verzeichnet diese Publikation in der Deutschen Nationalbibliografie; detaillierte bibliografische Daten sind im Internet unter http://dnb.d-nb.de abrufbar.

Umschlagmotiv: »Enten und Fische« (Mosaik), römisch
(1. Jh. n. Chr.), © Musée Condé, Chantilly / Bridgeman Images
Umschlaggestaltung: Druckfrei. Dagmar Herrmann, Bad Honnef
Satz und Layout: InterMedia – Lemke e. K., Heiligenhaus
Druck und Bindung: GGP Media GmbH, Pößneck
Printed in Germany
ISBN 978-3-7306-1280-4
www.anacondaverlag.de

INHALT

APICIUS IN RE QUOQUINARIA

Vorwort

»Das Vergnügen der Tafel gehört jedem Alter, jedem Stande, jedem Land und jeder Zeit an. Es verträgt sich mit allen anderen Genüssen und bleibt uns bis ans Ende. Ja, wenn schon alle anderen Sinne versagen, bemüht sich noch die sterbende Zunge, Kühlung in den von Fieberhitze verbrannten Leib hineinzuschlürfen.«

So ungefähr spricht sich Brillat-Savarin über die Annehmlichkeiten der Tafel aus. In der Tat sind sie die harmlosesten und ungezwungensten Freuden, sie haben seit Bestehen der Welt jedem naturgemäß empfindenden Menschen zur ebenso wohltuenden wie notwendigen Unterbrechung seines grauen Alltags gedient.

Es dürfte daher gerade jetzt in unserer Zeit schwerer Arbeit, aber auch vernünftiger Lebensfreudigkeit von Interesse sein, einen Blick zu werfen auf die Tafeln jener Tage, in denen unsere Zeitrechnung beginnt und das römische Weltreich auf dem Gipfel seiner Macht stand.

Diesem Zweck soll die vorliegende Verdeutschung des Apicius-Kochbuchs aus der Zeit des Augustus und

Tiberius dienen, das als das erste Kochbuch der Kulturwelt und als Vorbild aller späteren Kochbücher bis in die Gegenwart anzusehen ist.

Deshalb wird es, so hoffe ich, jedem Feinschmecker willkommen sein. Es soll eine kulturgeschichtliche Ergänzung zu jedem Kochbuch und eine Kuriosität für die Fachleute darstellen, daneben aber möchte das Buch sich auch als gern gesehenes, anregendes Gelegenheitsgeschenk für angehende Köche sowohl, wie für alle, die ihren eigenen Herd gründen, einführen.

Gr.-Lichterfelde, im Sommer 1909

Richard Gollmer

Die 10 Bücher des Originals

sind betitelt:

Die Überschriften decken sich jedoch nicht genügend mit dem Inhalt. Wohl durch die Abschreiber des Mittelalters sind die Rezepte sehr durcheinandergewürfelt. Ich habe jedoch an der äußeren Einteilung der Listerschen Ausgabe von 1709 festhalten zu sollen geglaubt und es, um vergebliches Nachschlagen zu vermeiden, vorgezogen, die einzelnen Bücher ohne Überschrift zu lassen und lieber ein übersichtliches Verzeichnis der Rezepte am Schluss des Buches beigefügt.

Römische Maße und Gewichte

Hohlmaße:

1 Cyathus			=	1/20	Liter
1 Quartarius	=	3 Cyathi	=	3/20	"
1 Sextarius	=	12 Cyath	=	6/10	"
1 Modius	=	16 Sextarii	=	9,6	"

Gewichte:

1 Scrupulum			=	1,14	Gramm
1 Drachme			=	4,36	"
1 Unze	=	24 Skrupel	=	27,4	"
Libra	=	12 Unzen	=	329	"

Die Kunstblätter

versinnbildlichen die drei großen Epochen der Kochkunst

I.	Altertum	Titelbild der Martin Listerschen Apicius-Ausgabe, Amsterdam 1709
II.	Mittelalter	Holzschnitt von Jost Amman, Nürnberg, 1568. Vers angeblich von Hans Sachs
III.	Neuzeit	Titelkupfer »Bibliothèque d'un Gourmand« aus Grimod de la Reynière's Almanach des Gourmands, Paris 1804

Einleitung

Das Interesse für die Kochkunst ist heute unzweifelhaft in starker Zunahme begriffen, und zwar neigt es sich der rationellen Seite zu. Seit man einzusehen begonnen hat, einen wie großen Einfluss die Ernährung auf die Verrichtungen von Körper und Geist des Menschen ausübt, finden wir namhafte Ärzte und Chemiker sich mit Küchenangelegenheiten beschäftigen und erfahren durch sie neue Ernährungstheorien, welche die alten Überlieferungen fast gänzlich umstoßen.

Dieser innige Zusammenhang zwischen Medizin, Chemie und Kochkunst ist uralt. Die ersten kulinarischen Aufzeichnungen haben hellenische Ärzte verfasst und sie enthalten demgemäß auch diätetische Vorschriften und Untersuchungen über Nützlichkeit und Schädlichkeit einzelner Nahrungsmittel in Menge. Die schreibseligen Griechen hatten aber ferner noch eine bedeutende Literatur über Einkauf, Güte und Verwendung von Lebensmitteln, über einzelne Gruppen von Speisen und von richtigen Kochbüchern. All diese Dutzende von Werken sind jedoch im allgemeinen Zusammenbruch der hellenischen Welt zu Grunde gegangen und würde nicht der Rhetor Athenäus, der zu Anfang des dritten Jahrhunderts nach Christus in Alexandrien und später in Rom lebte, in seinem Buch »Deipnosophistai« (Gelehrtengastmahl) häufig aus ihnen Stellen anführen, so würden wir heute weder sie noch ihre Verfasser kennen.

Aber nicht dieses Werk des Athenäus ist als das »älteste Kochbuch« zu bezeichnen, sondern eine andere Sammlung von Rezepten, Hausmitteln und Küchenregeln, die um Christi Geburt in Rom geschrieben wurde und den Namen des Apicius trägt. Ich weiß wohl, dass es noch ein älteres Werk aus dem frühesten Sanskrit »Vasavarajeyam« gibt, doch dürfte dieses heute nur noch die Bedeutung einer Merkwürdigkeit haben und für uns nicht mehr infrage kommen, zumal da es rein vegetarisch ist. Wenngleich es schon früh in europäische Sprachen übersetzt sein soll, scheint es doch keinen Einfluss auf die kulinarische Literatur ausgeübt zu haben. Mir wenigstens ist, trotz mancher Bemühung, weder eine Ausgabe desselben noch eine Stelle daraus – außer in unkontrollierbaren Zeitungsartikeln – bekamt geworden. Das Apicius-Kochbuch hat dagegen hinsichtlich Inhalt und Form als Vorbild für die späteren Kochbücher bis in unsre Tage hinein gedient.

Die Geschichte erzählt nun von einem sprichwörtlich gewordenen Feinschmecker namens Marcus Gabius Apicius, der zur Zeit des Augustus und Tiberius, also im goldenen Zeitalter, lebte und die Kochkunst nicht nur um viele Erfindungen bereicherte, sondern diese auch in eigens dazu von ihm gegründeten Schulen lehren ließ. Er erschöpfte sein großes Vermögen bis auf den kleinen Rest von einer Million Mark und nahm dann Gift, um nicht, wie er fürchtete, Hungers sterben zu müssen.

Hierauf beruht wohl die gewöhnliche Annahme, dass das Apicius-Kochbuch als Dokument für die ungeheure Schwelgerei Roms zu betrachten sei. Wo ich nun aber Stellen daraus angeführt fand, z. B. bei Rumohr, bei Brillat-Savarin, bei Habs und bei Dr. Felix Weber, konnte ich einen besonderen Luxus in den Rezepten nicht entdecken und in der Tat erscheinen die Nachtigallenzungen, die Papageienhirne und die mit Menschenfleisch gemästeten Muränen erst hundert bis einhundertfünfzig Jahre später. Auch kann ich nicht, wie es einige tun, in der bei Weitem überwiegenden Zurichtung der Speisen als Püree, Ragout und Kroketten ein besonderes Raffinement erblicken, sondern halte weit mehr diese Formen für geboten durch die Bequemlichkeit des zum-Munde-führens in der üblichen halb liegenden Stellung. Man hatte damals wohl in der Küche große zweizinkige Gabeln, aber kannte solche als kleine Essgeräte bei der Tafel noch nicht. Mit Löffel und Fingern wurde gegessen, also waren jene Speise-Formen sicher die geeignetsten. Wohl aber belegen die Apicius-Rezepte wiederum einen Vorgang, den uns die Kulturgeschichte bei allen Völkern von den

Pyramiden bis Trianon zeigt. Gelangt nämlich eine Nation zu Macht und Reichtum, so steigen schnell die Ansprüche, die an das Leben gestellt werden. Zuerst bei einzelnen Reichen oder Vornehmen, bald aber auch bei den mittleren und niederen Klassen. Geld und Geldeswert ist in Hülle und Fülle vorhanden und von allen Seiten strömt Neues herbei: neue Ansichten, neue Sitten, neue Waren und darunter nicht zuletzt neue Delikatessen. Der Reiz des Neuen, die Launen der Mode und die finanzielle Kraft, genießen zu können, erweisen sich aber als gefährliche Faktoren. Zuerst drängen sie alle Gebiete zur Entwicklung und Verfeinerung, bald aber verlieren Verstand und Geschmack, die immer als Regulatoren dienen sollten, ihren Einfluss und es tritt überall Übertreibung, Entartung und Manieriertheit ein.

In diesem Zustand haben wir uns nach den Rezepten des Apicius die römische Kochkunst kurz nach Christi Geburt zu denken. Das äußert sich im Vertilgen großer Mengen, im Auftragen einer Unzahl von Gerichten, im Verdecken des Eigengeschmacks des Rohstoffes und in wahnsinniger Überwürzung. Genauso geschah es später in Florenz, in Frankreich und in Deutschland. Wie es in jener Zeit an den römischen Tafeln herging, möge ein anderer als ich beschreiben, und zwar der viel gereiste und überaus belesene Paul Jacob Marperger. Er gibt in seinem 1716 erschienenen großen Nachschlagewerk eine ebenso interessante als ausführliche und zutreffende Schilderung »Römischer Mahlzeiten,

Gastereyen und Banquete«, die ich dieser Einleitung auf Seite 31 bis 42 vollinhaltlich anhänge.

Mein Verlangen, das berühmte Kochbuch genauer kennenzulernen, förderte zunächst das mich befremdende Resultat zutage, dass nach den Verzeichnissen des Buchhandels keine deutsche Übersetzung vorhanden ist. Sofort stand mein Entschluss fest, eine solche sinn- und sachgemäß zu versuchen. Ich erwarb dann von den verschiedenen lateinischen Ausgaben, die von Martin Lister besorgte und mit Kommentaren von Humelberg, Barth, Reinesius, van der Linden und anderen versehene, 1709 bei Jansson-Waesberg in Amsterdam verlegte und die von Chr. Theophil Schuch herrührende, in Heidelberg bei Carl Winter 1874 erschienene. Diese beiden also liegen meiner gegenwärtigen Übersetzung zugrunde.

Wenn ich nun auch die wissenschaftliche und kulturhistorische Seite der Gastronomie zu meinem Sonderstudium gemacht habe, so verfolge ich jedoch mit dieser Veröffentlichung keinen rein theoretischen, sondern einen mehr praktischen Zweck. Ich sehe sogar an dieser Stelle durchaus von gelehrten Erörterungen ab. Der Urtext hat durch die Abschriften des Mittelalters so gelitten, dass das Latein, wie es Lister, der Hofarzt der Königin Anna von England, vor zweihundert Jahren vorfand, wohl treffend mit dem Ausdruck »Küchenlatein« bezeichnet werden kann. Mit großem Scharfsinn hat nun eine Reihe von Erläuterern Ergänzungen, Streichungen, Veränderungen angebracht, ja

Schuch und sein Mitarbeiter Wüstemann haben sogar ein ganzes Jahr praktischen Kochversuchen gewidmet und doch ist noch viel unverständlich geblieben. Noch heute aber ähnelt manche Nationalspeise in Spanien, Südfrankreich, Italien und Griechenland so sehr den Apicius-Gerichten und noch weit über dies Gebiet hinaus springen Anklänge an solche in die Augen, dass ich rekonstruierend manches aufklären, manches anders deuten und manche veränderten Stellen wiederherstellen nicht nur zu können, sondern auch zu müssen geglaubt habe.

Es sei mir gestattet, auf diese Ähnlichkeiten näher einzugehen.

Zunächst gibt Apicius unverhältnismäßig viele Rezepte für Saucen.

Die Saucen sind, wie der berühmte Kochkünstler Soyer einst sagte, »für die Küche das, was die Grammatik für die Sprache und die Tonleiter für die Musik ist«, und der Marquis Cussy nennt den Saucier sogar einen »erleuchteten Chemiker, das Schöpfergenie und die Grundstütze der feinen Küche«.

Als man anfing, die Speisen, und zwar zunächst das Fleisch, am Spieß zu braten, auf Eisengittern zu rösten oder in großen Wasserkesseln zu kochen, erzielte man keine Saucen oder Kraftbrühen, und kam bald darauf, allerlei Würzkräuter und salzige (Salsa, das Urwort unserer Sauce) Tunken zu den Speisen zu genießen. In der Tat lassen sich nur ganz erlesene Fleischstücke am Spieß und in der Pfanne oder auf dem Rost und auch nur von ganz geschickten Händen so zubereiten, dass sie ohne Sauce munden, also genügend Saft enthalten, um nicht trocken und geschmacklos zu werden. In England verschmäht man noch heute die Saucen nach unserer Art; wer aber die trockenen und zähen Bratstücke und die nur in Salzwasser abgekochten Gemüse Old Englands kennt, die dort die Durchschnittskost bilden, der weiß genau, warum John Bull zu den überscharfen Saucen greift, die er fertig in Flaschen kauft und ständig auf seinem Tisch haben muss. Das Bedürfnis nach einer flüssigen Beigabe ist eben nicht zu unterdrücken.

Unser Apicius z. B. beschreibt Saucen, die, genau wie heute die englischen, in keinem organischen Zusammenhang, sondern oft in direktem Gegensatz zu dem Fleisch standen, das sie begleiteten. Er empfiehlt u. a. die folgenden zwei Saucen, die eine für Fleisch, die andere für Pilze. Die erstere besteht aus Pfeffer, Liebstöckelkraut, Koriander, Raute, Fischlake, Honig und etwas Öl, alles im Reibstein gehörig zusammengemischt. Zur zweiten soll man Öl, Thymian, Bohnenkraut, Pfeffer, Salz, Kümmel, Ingwer und Wein und etwas Silphium nehmen.

Es ist ganz selbstverständlich, dass mit Saucen dieser Art der eigentliche Geschmack der Speise vollständig unterdrückt und geändert wird. Aus der Not eine Tugend machend, wetteiferten schon im alten Rom die Köche, dem Fleisch einen anderen Geschmack zu geben, z. B. Schwein wie Rebhuhn, Gans wie Fisch, Thunfisch wie Kalbfleisch schmecken zu lassen. Diese absurde Manie findet ihren Gipfel in der Leistung jenes französischen Kochs, der ein wohlschmeckendes Ragout aus einem – ledernen Handschuh bereitete.

Die mittelalterliche Küche ging mit Salz, Pfeffer und anderen Würzstoffen noch viel verschwenderischer um als das Altertum, wie das Rezeptbuch der Pariser Moutardier-Gilde von 1394 beweist, und machte auch von Zucker und anderen süßlichen Stoffen ausgiebigen Gebrauch. So wurden die Saucen zu einem Mixtum Compositum, das einem modernen Menschen Grauen verursacht. Man gab z. B. zur gebratenen Gans eine sogenannte »Gänsemilch«, die aus Milch bestand, welche auf dem Feuer mit Mehl, Salz, Pfeffer, Safran, geriebenen Mandeln und Gänseschmalz dick gerührt wurde. Zum Rindsbraten reichte man eine Tunke, »Probrat« genannt, von Bratäpfeln, Rosinen, Pfeffer, Muskat, Ingwer, Zucker in Rotwein gekocht und durchgerührt.

Überbleibsel solcher Rezepte finden wir heute noch in der süßsauren Rosinensauce, die man in Norddeutschland zu Kalbsgekröse gibt, ja, aus Amerika wird von neuen Salaten aus Bananen, Pfirsichen, Birnen, mit pikanter Mayonnaise vermischt, berichtet. Das Mittelalter scheint also doch noch nicht ganz überwunden zu sein!

Es heißt, dass man sich erst, als die unter Katharina von Medici und Anna von Österreich begonnene Reformation des Tafelwesens die französische Küche, die Grundlage der heutigen internationalen guten Küche, in all ihrem Glanz erstehen ließ, darauf besann, dass die Sauce nur den Zweck haben dürfe, den Geschmack eines Gerichtes zu heben. Jedenfalls warf man damals alles, was sich mit diesem Grundsatz nicht vertrug, über Bord und benutzte den beim Braten und Schmoren entstehenden »Fond«, unter Zuhilfenahme von Schwitzmehl oder dicker Sahne, Wein usw., zur Bildung des Beigusses. Das war in Wirklichkeit aber nur eine Wiederholung von etwas schon Dagewesenem. Ein Blick in unsern Apicius lehrt uns, dass er diese Idee für sich in Anspruch nehmen könnte, und wir folgen ihr noch heute, denn nach ihr fertigen wir unsere warmen legierten Bratensaucen. Aber auch zu den kalten pikanten Saucen unserer Tafel, also der Vinaigrette-, Kräuter- und Remouladensauce gibt uns bereits Apicius Rezepte, deren Grundlagen sind Essig, Öl, Eier und scharfe Gewürze, und in diese Gruppe sind die oben erwähnten modernen englisch-amerikanischen Saucen einzureihen, deren Zahl Legion ist. Alle diese Saucen wurden anfangs nach Familienrezepten im Haus oder vom Krämer angefertigt. Die berühmteste aller englischen Saucen, die Worcestershiresauce, verdankt ihren Ursprung einem solchen Hausrezepte. Sie enthält Piment, Pfeffer, Nelken, Ingwer, Curry, Paprika, Senf, Zucker, Tamarinde, Essig, Sherry und ein wenig Asa foetida. Gleicht dies Rezept nicht genau dem oben erwähnten Apicischen? Das in jenem erwähnte »Silphium« ist nach der Ansicht der Mehrzahl der heutigen Forscher der Stinkasant gewesen, also die Pflanze, welche die Asa foetida liefert. Die römischen Köche gebrauchten

Blätter, Stängel und Wurzel der Pflanze frisch und getrocknet, und auch der mittelalterlichen Küche war dies scharfe und beißende Gewürz unter dem Namen Teufelsdreck nicht fremd. In unserem Original finden sich mehrere Bezeichnungen dafür, z. B. Laser und Silfium, die ich unverändert ließ, daneben aber auch den deutschen Namen der Pflanze »Asant« anwandte. Braucht uns dies Gewürz also nicht zurückzuschrecken, so darf es die massenhafte Verwendung der verschiedensten Kräuter und der ungeheure Verbrauch von Pfeffer auch nicht. All die Kräuter, ich möchte fast sagen und noch einige mehr, waren auch in unserer Küche heimisch, noch bis ins neunzehnte Jahrhundert hinein. Aus der Zeit der Königin Luise hat uns Frau Auguste Wilhelmine Fréderique Charlotte Fontane, geb. Werner, die dritte Gattin des Kabinettssekretärs der Königin, Vorfahren des märkischen Dichters, das Rezept zu einer »Würze aus allerlei Kräutern« hinterlassen, die man aus je einem Teil Thymian, Petersilie, Dragon, Pfefferkraut, und zwei Teilen Basilikum bereitete, indem man diese Sachen trocken zu Pulver rieb. Die Dame empfiehlt dies besonders zu geschmorten Fleischspeisen und Ragouts. Ganz aufgeklärt sind noch nicht das Kraut Sil, das seseli tortuosum = Bergkümmel sein soll und die Wurzel Costum, die aus Indien kam und sowohl als Speisenwürze, wie als Parfüm für eine sehr kostbare Salbe verwandt wurde, denn mit dem Verdeutscher, der die Übersetzung »Kostwurz« erfand und sich dabei beruhigte, wird wohl niemand übereinstimmen. Cyperus dagegen, das Cyperngras, dürfte wohl sicher die die Erdmandel liefernde, noch heute auf Cypern heimische Pflanze sein.

Diese Pflanzenwürzen dienen jedoch auch diätetischen Zwecken und die meisten waren, ja sind zum Teil noch heute bei uns offizinell; bei vielen Rezepten ist ausdrücklich bemerkt, welche Wirkung erzielt werden soll – genau dasselbe finden wir in unseren Kochbüchern bis zu den modernsten auch. Pfeffer dürfte im Deutschen Mittelalter mindestens nicht weniger verbraucht worden sein, wie im Altertum und wohl aus denselben Beweggründen. Er war das teuerste Gewürz und gab daher den reichen »Pfeffersäcken« willkommene Gelegenheit zu prunken, und sein diätetischer Wert wurde ungeheuer hoch geschätzt. Pfeffer galt als bester Förderer des Appetits und der Verdauung. Auch heute ist der Gewürzverbrauch Deutschlands noch ein recht beträchtlicher und nicht abnehmender, hat es doch im Jahr 1908 nicht weniger als 133 164 Doppelzentner im Wert von 15,2 Millionen Mark gegen 113 506 Doppelzentner im Wert von 14,1 Millionen Mark im Jahr 1907 eingeführt. Von den eingeführten Gewürzgattungen steht der Menge nach die Pfeffereinfuhr, die im Jahr 1908 insgesamt 68 518 Doppelzentner = 51,4 vom Hundert vom gesamten Gewürzimport betrug, an erster Stelle. An Gewürznelken, Sternanis und Nelkenstängel wurden im vergangenen Jahr 22 508 Doppelzentner im Wert von 2 Millionen Mark eingeführt, an Muskatblüten, Muskatnüssen und Ingwer wurden

1908 8375 Doppelzentner im Wert von 1 365 000 Mark verbraucht, der Rest der Einfuhr entfiel auf Zimt, Kardamomen, Nelkenpfeffer (Piment), Zimtblüten, Zimtblütenstängel, Zimtkassia, Nelkenrinde, langen Pfeffer, weißen Zimt, Paprika und Safran.

Es bliebe vielleicht noch ein Wort über die im kaiserlichen Rom viel verbrauchten Flüssigkeiten garum und muria zu sagen übrig, die unser Original meistens kurz mit liquamen bezeichnet und die im Ruf einmal der Kostbarkeit, dann aber auch der Scheußlichkeit stehen. Es waren pikante, besonders salzige Saucen, deren Herstellung unter den Rezepten nachzulesen ist. Wir können sie ohne Weiteres mit den schon früher erwähnten englischen Saucen oder der deutschen Maggiwürze vergleichen, die in jeder modernen Küche gebraucht werden. Sie wurden mit Wein oder Most gemildert, mit Essig und Senf geschärft und dürften ihrem Gehalt an Salzfischen nach unserer heutigen Sardellen-Essenz oder Anchovis-Sauce sehr ähnlich gewesen sein. Auch wir würzen weichliche Sachen (Spinat, Hackfleisch) mit Sardellen –, in Litauen ist es sogar üblich, zu ähnlichem Zweck bei Kalbfleisch, Lunge etc., Salzheringe mitzukochen; ganz neu ist es, warmes Roastbeef mit Matjeshering zu reichen – haben wir da noch das Recht, die Nase zu rümpfen?

Wir finden ferner schon eine Reihe von »Moc«-Rezepten, also Ersatzspeisen, wie sie uns durchaus geläufig sind und auch in Bezug auf die Verfälschung von Nahrungsmitteln war man in Alt-Rom schon weit genug!

Dem sehr berühmten kampanischen Gries z. B. verlieh man seine ansprechende Weiße durch einen Zusatz von Kreide oder Ton. Die Erdart zur Verfälschung wurde auf dem sogenannten »weißerdigen Hügel« zwischen Puteoli und Neapel gefunden, und wie lebhaft dort das »Verbesserungs-Material« gegraben wurde, beweist der Umstand, dass Kaiser Augustus bei Anlegung einer Kolonie den Neapolitanern 20 000 Sestertien (gleich 3000 Mark) Jahresrente für Überlassung des Hügels gewähren musste. Beim Getreide selbst kannte man schon das heutige »Ölen«; dies dient heute dazu, dass die Körner mehr zusammenfallen, sodass ein bestimmtes Gemäß schwerer wiegt und die Sorte mithin einen besseren Preis erzielt, im Altertum gab man vor, das Getreide dadurch haltbarer zu machen. Auch beim Mehl kommen Zusätze schon vor, namentlich wird in dieser Beziehung Gips genannt. Bei Linsen klagt man über die Verunreinigung, welche sie beim fabrikmäßigen Zerstampfen unter Beifügung von Backsteinbrocken oder Sand erleiden. Und unser wackeres Apicius-Buch gibt auch ganz unverblümt Rezepte zu Verfälschungen, wie z. B. »Rosenwein ohne Rosen zu machen« und ähnlichen Unfug! Manchmal allerdings, indem sich der Autor sittlich entrüstet und »fraus indigna = unwürdiger Betrug« dahinter schreibt!

Gehen wir weiter in den Ähnlichkeiten!

In Spanien gibt es ein Nationalgericht, die *Chanfaïna*, bestehend aus zerschnittener Schweineleber, die in Salzwasser weich gekocht wird und dann in siedendem Öl mit Zwiebeln, Pfefferminzkraut, Petersilie, spanischem Pfeffer, Nelken, Pfefferkörnern, Zimt, Kümmel und Safran ein Weilchen schmoren muss. Dann gießt man etwas von der Brühe, worin die Lebern gekocht wurden, hinzu, streut geriebenes Weißbrot darüber und serviert das Gericht warm oder kalt. Ist das nicht Apicius? Auch die spanische *Olla protrida* muss ihre Erfindung bis auf das Altertum zurückdatieren. Man verkocht dazu Schlachtfleisch aller Art, Stücke von Wild und Geflügel und mageren Rauchschinken mit Kichererbsen und einer Menge beliebiger, abgebrühter Gemüse und gibt ein Weilchen vor dem Anrichten noch eine geräucherte, pikante Wurst hinein.

Gleicht nicht die *Bouillabaisse* aus Südfrankreich den Fischgerichten des Apicius? Hier ein Marseiller Rezept: Man nehme nur hartfleischige Seefische und solche mit möglichst wenig Gräten, sowie Krevetten, Langusten und Muscheln. Man reinige die Fische gut und koche dieselben, sowie die Krevetten etc. in Salzwasser. Gleichzeitig dämpfe man in Öl, etwas Butter und Wasser in einer anderen Pfanne gehackte Zwiebeln, rohe Tomaten und etwas Knoblauch. Sobald dieses gut gebraten, tue man die in Stücke geschnittenen Fische etc. dazu, gebe Thymian, Lorbeerblätter, Safran, Wasser und pro Person 1 Löffel Öl hinein, lasse es kochen bis die Fische weich sind, und trage dann auf.

Noch heute farciert man in Italien Schweineleber, mischt sie mit Kräutern, Salz und Wein, formt davon kleine Würstchen, wickelt deren jede mit einem frischen Lorbeerblatt in ein Stückchen Schweinenetz und brät sie, wie Apicius es vorschreibt.

Aber noch viel weiter lassen sich des großen Feinschmeckers Spuren verfolgen!

Auch wir geben unseren Kranken eine Gerstentisane, auch wir kennen die konservierenden Eigenschaften des Honigs, des Salzes, des Luftabschlusses und der Kälte. Auch wir erhalten Weintrauben in Kleie frisch und schütten Natron an das Gemüse, damit es schön grün bleibt, und noch heute werden gedörrte Feigen und Pflaumen in siedendem Seewasser »gedippt«, damit sie sich länger halten. Die litauischen Palten und die norddeutschen Grütz- und Blutwürste könnten wir ohne viel Umstände nach den altrömischen Wurstrezepten machen. Ein Nusskonfekt, wie Apicius es schildert, bereitet man heute noch in der Türkei, frische rohe Austern verzehrt heute der Engländer genau wie vor zweitausend Jahren der Civis Romanus mit einer pikanten Sauce, ja auch die wundervollen in teigbedeckten Näpfen hergestellten englischen Pies kennt Apicius schon und auch er setzt bereits einen kleinen Schornstein aus Teig auf das kochende Gericht wie der moderne Pastetenkoch. Uns Deutschen erscheinen die altrömischen Schweine-Rezepte gar nicht absonderlich wenn wir uns unser »schlesisches Himmelreich« und das Berliner Nationalgericht »Eisbein mit Erbsenpüree und Sauerkohl« denken. Auch wir bereiten uns Omeletts mit feinen Kräutern, »Arme Ritter« aus eingeweichtem, gesüßtem und gebratenem Weißbrot, auch wir machen aus alten Rebhühnern ein Ragout, und wenn wir für Reh, Hirsch, Wildschwein, Hammel oder Rindfleisch eine Marinade kochen, so nehmen wir dazu auch Wasser, Essig, Wein, Öl, Zwiebeln, Sellerie, Porree, Lorbeer, Mohrrüben, ganzen Pfeffer, Piment, Nelken, Muskat und Koriander – genau wie Apicius!

Ob nun die nachstehenden Rezepte wirklich praktisch verwendbar sind, wage ich nicht zu entscheiden. Die Königin Christine und die Kaiserin Josefine erlebten bekanntlich eine Enttäuschung bei dem Versuch. Allerdings braucht man auch nicht gleich mit Flamingozungen und Pfauenhirnen zu arbeiten wie sie. Ich habe mich an einfache Sachen gewagt und es ging – allerdings mit kleinen Änderungen, die Apicius der jetzigen Zeit gestatten musste.

Zum Schluss will ich nun den Punkt berühren, der vielfach für außerordentlich wichtig und interessant gehalten wird, nämlich:

Das Apicius-Kochbuch ist gar nicht von Apicius geschrieben!

Nun gut! Will man seinen Wert deshalb geringer anschlagen?

Nach Listers Zusammenstellungen hat man vier Männer des Namens gefunden, doch ist schon Lister der Ansicht, dass hier Irrtümer vorliegen und nur zwei geschichtlich sind. Die Rezeptsammlung selbst aber soll ein Koch namens Caelius zusammengestellt haben. Er setzte ihr den Namen des berühmten Mannes voran, um sie zu empfehlen, eine Sitte, die wir in früheren

Zeiten viel finden und die noch heute nicht ausgestorben ist. Es sei nur an »Demokritos oder hinterlassene Papiere eines lachenden Philosophen«, jenes einst viel gelesene Buch von Karl Julius Weber, erinnert.

Die Sprache unseres Originals, Erwähnungen derselben Speisen durch gleichzeitige Autoren und Zitate bei späteren Schriftstellern beweisen jedoch, dass wir es mit einem genauen Nachweis zu tun haben, wie es um die Küche der Vornehmen stand, als Christus auf Erden wandelte und Rom die Welt regierte. Das erscheint mir als das Wichtigste.

Römische Mahlzeiten Gastereyen und Banquete

Aus: *Paul Jacob Marperger's*

Kgl.-Polnisch. und Chur. Sächsisch. Hoff- und *Commercien-Rahts* / wie auch Mitglied der Königlich Preußischen *Societät* der Wissenschaften

Vollständigem

Küch- und Keller-*Dictionarium*

Hamburg / in Verlegung Benjamin Schillers seel. Wittwe / Anno 1716.

Diese Mahlzeiten etc. lassen sich vornehmlich abtheilen / in mäßige und übermäßige / ordentliche und ausserordentliche / spahrsame und verschwenderische / in das Morgen-Brod / Früh-Stück oder *Jentaculum*, die Mittags-Mahlzeit / *Prandium*, das Vesper-Brod / *Merendam*, und in die Abend-Mahlzeit / *Cœnam*.

Das Früh-Stück pflegten sie / wie noch heutiges Tages gebräuchlich / ehe sie an die Arbeit gingen / zu sich zu nehmen / und die Herrschafft ihrem Gesind zu reichen; In gar alten Zeiten wurde *Silatum* genennt / weil sie nemlich den Wein / den sie nüchtern truncken / mit dem Kraut *Sili* gleichsam abwürzten / wie wir heutiges Tages den Bitter-Wermuth- oder *Alant*-Wein vor andern uns *recommendiret* seyn lassen. Was die Knechte / Knaben und Taglöhner bey den Römern anbelangete / assen dieselbe des Tages wohl fünfmahl; Leute von *Condition* nur einmal oder auf das höchste zweymahl.

Die Mittags-Mahlzeit oder *Prandium*, *quasi* παῤ ἐυθιὸν weil es des Mittags genommen wurde / war bey den alten Römern spahrsamer / als ihr Nacht- oder Abend-Essen / als bey welchem allezeit reichlicher als des Mittagst *rectiret* wurde. Sie hatten auch ein *Prandium adventorium*, imgleichen auch *Cœnam adventoriam*, welches nemlich allezeit *parat* und in Vorrath stunde / um diejenige damit zu *tractiren* / welche sie etwan ungefehr besuchten.

Das Vesper-Brot / *Merenda*, hatte seinen Nahmen von denen / *qui ære mererent*, welche um Tage-Lohn dieneten / und den Tage-Löhnern des Nachmittags gegeben wurde.

Das Abend-Essen / *Cœna, à communione*, oder von der Gemeinschafft / κοινός, *communis*, genannt; Daher auch noch das Heil. Abendmahl / *Sacra Synaxis*, *vel* κοιὸς genannt wird / wurde von ihnen auch *Vesperna* genannt / und in unterschiedliche Theile eingetheilet / deren die erste war:

Antecœna, das Vor-Nacht-Essen / oder die Rostung / *Gustatio* & *promulsis*, als welche vor den Meth (mit welchen die Alten zu Anfang der Mahlzeit ihren ersten Durst zu stillen pflegten) gegeben wurde / und bestunde solches in aufgesetztem *Confect* oder Honig und Wein / jedes besonders; Damit nemlich die Gäste / nach Belieben / sich jeder selbst einen süssen Wein / Meth / oder Lutter-Tranck / nach seinem Gefallen zurichten möchte.

Hierauf kam die rechte Abend-Mahlzeit / bey welcher nach jedes Vermögen die besten Speisen aufgetragen wurden / und zwar wurde das vornehmste Gericht unter solchen *Caput Cœnæ* genannt, *Mensa pomorum, vel Mensæ secundæ, aut Belaria*, hieß der Nach-Tisch / aus Aepfel / Birn / Nüssen und andern Früchten bestehende. Ins gemein fingen sie mit dem Salat / Eyern und Brat-Würsten die Abend-Mahlzeit an.

Cœns Deûm, wurden die spahrsame und auch dabey vergnügliche Mahlzeiten genennet.

Cœna Saturnia, hieß man diejenigen / auf welchen keine fremde Gerichte oder *Delicatessen* zu sehen waren.

Cœna Hæcates, wurde eine solche Mahlzeit genennet / bey welcher / gleich wie bey den Unter-Irrdischen / nicht viel gegessen wurde.

Cœna Icci, hatte von einem Geitz-Halse dieses Namens / welcher seinen Gästen wenig vorzusetzen pflegte / seine Benennung.

Cœna Philosophica, *Platonica*, *Rustica*, *Laconica*, *Cynica*, wurde von denen Mahlzeiten gesagt / da es allzu knap und Hundisch zuging / und niemand satt zu essen bekam.

Cœnam terrestrem nenneten sie / dabey kein Blutvergossen wurde; i. e. Da man kein Fleisch oder Fisch speisete / sondern die Gäste ihren Bauch mit Erd-Gewächsen füllen mußten. Hingegen hieß

Cœna depsilis, *pellocibilis*, *recta*, *dubia*, *uncta*, *epularis*, *regalis*, eine solche Abend-Mahlzeit / welche die reichen Leute zu geben pflegten / und wo alles genug war; Auch dannenhero

Cœna Cerealis, *Saliaris*, *Auguralis*, *Pontificialis*, *Capitolina*, *Persica*, *Sybaritica*, Campanæ, & *c.* ein aus lauter Lecker-Bißlein bestehende Mahlzeit genennet wurde. Dannenhero *Horatius* von eines kargen Filtzes seinen lachenden Erben *Od.14*.

lib.2. *Absumet hæres, Cæcuba dignior*
Servata centum clavibus & mero,
Tinget pavimentum superbum
Pontificum potiore cœnis.

Der Tisch zu ihren Mahlzeiten wurde bey einigen solchergestalt zubereitet / daß zuerst das Bildniß eines Götzens nebenst dem Saltz-Faß / aufgesetzet wurde. Dahero *Arnobius* an einem Orte schreibet: *Mensas vestras salinorum appositu* & *Deorum simulacris sacras facitis*; Ihr macht eure Tische durch das Aufsetzen der

Götzen-Bilder und Saltz-Fässer heilig. Insonderheit erzehlet *Plinius* im 28. Buch am 2. Capitel sehr viel von Tischen / unter andern: Daß man / wann unter währender Mahlzeit von Feuers-Brunsten geredet worden / etwas Wasser unter den Tisch gegossen; *Item*: Daß man vor unglücklich gehalten / wann in währender Zeit / daß etwan ein Gast das Trinck-Geschirr / um zu trincken / am Munde gesetzet / die Tafel oder der Schenck-Tisch aufgehoben worden. Was auch einmahl unter den Tisch gefallen war / das hielten sie vor eine Schande und Unrecht wieder aufzunehmen; So durffte auch niemahls der Tisch so rein abgetragen werden / daß nicht noch etwas zum Zeichen / daß darauf gegessen worden / solte liegen geblieben seyn.

Die Art zu Tische zu sitzen / *vel modus accumbendi*, war in den alten und ehrbarn Zeiten nach unserer heutigen *Manier*, daß nemlich jedermann / sowohl Männer / als Frauen / auf Stühlen um den Tisch herum sassen / eingerichtet; Als aber Rom an Macht und Reichthum zunahm / und dessen Einwohner begunten wohllüstig / und Weichlinge zu werden / da fingen sie an auf Polstern und Ruhe-Betten / oder zarten ausgestopfften Matratzen / um den Tisch herum zu liegen: Wiewohl die Weiber noch eine Zeitlang bey der *Manier*, auf Stühlen oder Sesseln zu sitzen / verblieben / und solches aus Schamhafftigkeit; Die Männer aber / sonderlich die Reichen und wohllüstigen / führten solches durchgehends unter sich ein / und zwar geschahe solches *Accumbiren* / oder zu Tisch liegen / auf folgende Weise:

In dem Eß-Saal wurde ein runder und niedriger Tisch hingesetzt / der bey geringen Leuten 3. Füsse hatte / und nur aus schlechtem Holtze gemachet war / bey vornehmen Leuten aber stellte das Fuß-Gestell nach der Bild-Hauer-Kunst einen Leoparden oder Löwen vor / und zwar aus Eben- oder einem andern kostbahren Holtze geschnitzet / oder mit güldenen oder silbernen Blech überzogen. Um den Tisch herum waren drey Ruhe-Bäncke oder Betten / aus welchen hernach der Nahme eines *Triclinii* entsprungen / welches etliche auch oder halben Mond (dann mit dessen Zeichen wurde vor diesen ein Griechisches *Sigma* bemercket) zu nennen pflegten; Bisweilen pflegte man auch nur zwey solcher Bäncklein vor einen Tisch zu setzen / und alsdann hieß es *Biclinium*. Die Polster auf diesen Betten oder Bäncken / wurden / nachdem der Gast-Geber reich oder arm war / mit Purpur oder andern gewürckten köstlichen Zeugen überzogen; Ehe sich aber die Gäste auf solchen niederliessen / wurden sie erst gewaschen / die langen Röcke ihnen abgenommen / und an deren statt ein Tafel-Kleid gegeben / welches sie *Vestem Cœnatoriam* nenneten: Sie zogen auch die Schuhe aus / damit sie die kostbahren Ruh-Bette oder Tisch-Bänke nicht besudelten. Insgemein aber lagen ihrer drey oder vier auf einer solchen Banck / und zwar solcher gestalt / daß sie den Ober-Leib auf den linken Ellebogen stützeten / unten aber die Füsse lang ausstrecketen; Das Haupt war ein wenig aufgerichtet / und hinter den Rücken wurden kleine

Pölsterlein gestopfet / damit sie desto gemächlicher sich anlehnen könten. Wann ihrer mehr als einer auf einem Bette lagen / so nahm der öberste das Haupt des Bettes ein / und streckete seine Füsse hinter des andern seinen Rücken aus / welcher mit seinem Hinter-Haupte bis an des ersten seinen Nabel lag / und daselbst mit einem kleinen Polster gleichfals unterstützet war; Dieser zweyte streckte wieder seine Füsse hinter dem dritten hin / welcher hingegen mit seinem Haupte bis an des andern Gürtel reichte. Mehr als drey lagen nicht leichtlich auf einer solchen Tisch-Banck / weil man es sonst vor übel *accomodiret* / und etwas Gemeines hielte; Der zu des Bettes Häupten lag / wurde der oberste / *summus*, der unterste / *primus*, und der in der Mitte liegende / *medius*, genannt / und dieser war der Vornehmste. Über dem Tisch hing ein Baldachin oder ein Tuch / welches verhinderte / daß kein Staub auf das Essen und die Gäste fiel; Diese nennet *Horstius*, *Aulæa*, oder Tapet. Damit auch von dem aufsteigenden Dampfe des Getränцks ihnen keine Kopff-Schmertzen zustossen möchten / so pflegten sie ihre Stirnen und Schläffe mit einem Wüllenen oder Leinenen Band zu binden / welche Kopf-Binde hernach im Blumen-Krantze aus schönen mit Gold gewürckten Binden verwandelt worden.

Ihr Trinck-Geschirr betreffend / so war solches bey denen sehr Alten ein Ochsen-Horn. In währender Mahlzeit / und fast bey jedem frischen Gericht / wuschen sie die Hände / den Leib ein wenig von dem

Tische abwendend. Die ausgeleerete Becher kehretn sie rein um / wie wir etwan noch heutiges Tages thun / und solches aufs Nägelein austrincken heissen; wohin auch *Taubmannus* schertzend zielet / wann er von seiner Francken tapferen Sauffen *Lib. 3. Epigramm.* folgender gestalt schreibet:

Laudo meos Francos, qui se cervice supinant,
Et fundo eximo præbita pocla bidunt.

Imgleichen *Meursius ad illud PIauti in Sticho Act.* 5. Sc. 4.da *Cadum vertere*, so viel als rein austrincken heisset; Wie also auch *Vergilius 1.9. Æn. v. 165* schreibet:

Indulgent vino & vertunt Crateras ahenas.

Ferner wurde bey ihren Gastereyen ein Myrthen-Zweig aufgestecket / welches das Zeichen war / daß der Gast singen muste: Da dann derjenige / dem das Myrthen-Zweiglein gegeben wurde / einen Gesang anstimmete / so gut er könnte. Wiewohl es ihnen dabey an Tafel-Music auch nicht fehlete / dann also wird von denen *Epulis* des *Didonis lib. 1. Æneid.* des Vergilii gelesen:

Cithara crinitus Jopas
Personat aurata.

Wie dann auch von dem *Horatio L. 3. Carm. Od. XI.* die Laute

Divitum mensis & amica templis. Das ist: Eine so wohl bey Gastereyen als in denen Tempeln angenehmes *Instrument*, genennet wird. Die Thönigens oder Liedergens / welche jeder Gast singen muste / wurden *Scolia*, das ist / Krumme und Gebogene genennet / weil sec ein jeder nach seiner *Manier* zog / wie er sie wolte. Auf das Singen folgete das Tantzen / welches bey den Griechen mehr als bey den Römern gebräuchlich war / die es vor was Unzuläßiges hielten; Daher auch *Cicero* an einem Orte sagt: *Nemo saltat sobrius, nisi forte insanit.* Wann die Mahlzeit geendet war / durffte niemand mit einem Lichte nach Hause gehen; Dahero *Athenæus* diese Weise zu trincken vorschreibet: Daß nemlich einer nur so viel trincken sollte / als ihm nicht verhindern könnte / allein / und ohne Vorleuchter oder Führer wieder zu Hause zu gehen / welches bey denen Römern Knaben waren / die Fackeln vortragen musten.

Die Zahl der Gäste betreffend / hielten es die Römer also / daß sie deren nicht über 9. noch unter 3. Nahmen / durch jene Zahl die *Musen*, durch diese die *Gratien* vorzustellen. Die vier besten Dinge / welche an einer Römischen Mahlzeit zur selbigen Zeit gerühmet wurden / waren erstlich die gute *Compagnie*, der bequehme Ort / die wohl auserwählte Zeit / und daß an der Zubereitung nichts verabsäumet wurde. Allzu plauderhafftigc Gäste / und hingegen allzu still und *Melancholi*sche mochten sie nicht leiden; So liessen sie auch alle wichtigen Sachen und Berahtschlagungen von ihren Gastereyen weg / und beflissen sich nur solcher Gespräche / welche den Menschen lustig und fröhlich machen könten.

Von dem Auftragen der Speisen noch etwas zu gedencken / so verrichteten dasselbe die Knechte und Mägde / welche daher auch *Dapiferi* genennet wurden. In den Gerichten hatten sie keine gewisse Zahl / sondern es waren solcher im Anfange 3. oder 6.; Als aber hernach die wohllüste Verschwendung mit denen Völckern / welche die Römer überwunden hatten / nach Rom gebracht / und daselbst sowol unter hohen / als Bürgerlichen Stands-Personen eingeführet worden / da hatten die Gerichte keine gewisse Anzahl mehr / sondern es musten die nah und weit entlegene / und unter der Römer Bohtmässigkeit stehende Länder / sonderlich zu den lasterhafften Zeiten des *Neronis*, *Tiberii*, *Vitellii*, *Heliogabali*, hergeben / was sie nur *Delicates* und Kostbares in ihrem Laden auftreiben konnten / solches alles wurde mit unsäglichen Unkosten nach Rom gebracht / und daselbst an dem Kayserlichen Hofe durch die Gurgel gejaget; Vornehmlich an des *Vitellii* Hoff / woselbst das Frühstück / Mittags-Mahl und Abend- Mahlzeit / jedes in seine ordentlichen Stunden / die alle mit Schwelgen / Fressen und Sauffen zugebracht wurden / abgetheilet worden; Und dieweil der Zwischen-Raum viel zu klein war / daß der Magen seine nöhtige Dauung hätte verrichten können / halffen diese Mast-Schweine demselben durch das Erbrechen / welches allbereit an dem ganzen

Hofe in Gewohnheit gekommen war: Es konte aber niemahls eine Mahlzeit bey Hofe unter 400 000. Groschen Unkosten gehalten werden. Insonderheit ist bey den *Scribenten* die Willkomms-Mahlzeit / welche ihm sein Bruder gegeben / höchlich berühmt / weil bey derselben 2000. der auserlesensten Fische / und 7000. Vögel aufgestzet worden / und zwar theils davon in einer so grossen Schüssel / die man ihrer unmäßlichen Grösse wegen der *Minerven* Schild hätte heissen mögen. In dieser lagen *Phænecopter*-Zungen / mit *Murænen*-Milch / Phasanen- und Pfauen-Gehirne vermenget / welche alle von den äussersten Enden Hispaniens durch gewisse / solche zu holen / ausgesandte *Galeeren* überbracht worden; Also / daß damahls in Rom die Rede ging: Wo *Vitellus* länger leben so er des ganzen Römischen Reichs Schätze verschlemmen / und durch die Gurgel jagen würde.

Von dem verschwenderischen Kayser *Heliogabalo*, schreibet *Lampridius*: Daß er selten eine Mahlzeit gehalten / die nicht etliche tausend Reichs-Thaler gekostet habe / dieweil er vielmahls bey einer Abend-Mahlzeit 6000. Straussen-Köpfe aussetzen lassen / damit sich die Gäste an derselben ihrem Gehirn erlustigen möchten. Wenn er sich nahe bey der See aufhielte / aß er niemals keinen Fisch / so er aber weit von derselben entfernet war / muste die ganze Tafel mit den köstlichsten Fischen besetzet seyn; wobey er denn keinen Unterscheid machte / vornehme Leute besser als geringere zu *tractiren* / sondern vielmahls seine Lust suchte / die unflähtigsten Bauern mit der kostbahrsten *Murænen*-Milch und Hecht- Lebern anzufüllen / ihnen offtmahls nichts als lauter Phasanen fürzusetzen / und aus dieser / oder einer andern Art Geflügel / alle Gerichte zurichten zu lassen. Zuweilen kam ihm die Lust an / von unterschiedlicher Art Leuten 8. Personen an seine Tafel zu nöthigen / als etwan 8. Gebrochene / 8. Blinde / 8. Kahlköpfigte / 8. Lahme / so viel Fette und Magere / und was dergleichen mehr / welchen er einsmahls befohlen / daß sie ihm soviel Spinn-Weben / als sie bekommen könten / sammlen / und mitbringen solten; Da denn / wie die Historien melden / auf einmahl innerhalb der Stadt Rom ihren Ring-Mauern / 10 000. Pfund gesammlet worden.

Ein ander mahl aber / eine gleiche Anzahl Ratten / Spitz-Mäuse / und Wieselgen / woraus der *Heliogabalus* die Grösse der Stadt vorstellen wolte. Wann er sich auch sonsten recht ergötzen wollte / ließ er seinen Gästen höltzerne / steinerne und Elffenbeinerne Gerichte vorsetzen / und nöhtigte sie bey Auftragung eines jeden Gerichts zu trincken / und ordentlich die Hände zu waschen / als wenn sie wohl gespeiset hätten.

Des *Caji Caligulæ* Schlämmerey war so groß / daß er in warmen und kalten köstlichen Balsam sich baden / und zur täglichen *Collation* die köstlichsten in Eßig geschmoltzenen Perlen aufschlucken wolte. Seinen Gästen setzte er gantze güldene Schau-Essen vor / weil er davor hielte / daß in solcher Verschwendung das Kayserliche Ansehen bestünde; Wie etwan ehemahls jener *Tunetanischer* König *Muleasses* des Schlämmens so gewohnet war / daß ungeachtet er im Elende herum schwebte / er gemeiniglich 100. Ducaten auf die Zurichtung eines Pfauens anwendete. Ein solcher Verschwender ist auch der *Caligula* gewesen / der offt etliche Tage nach einander aus dem *Julianischen* Palast grosse Geld-Summen unter das gemeine Volck ausgestreuet / Jagt-Schiffe aus Cedern-Holtz gebauet / deren Hinter-Theil von Gold und Edelgesteinen / die Segeln aber von Purpur und andern Farben gläntzeten / auf den Schiffen selbst waren allerhand Spatzier-Gänge und Credentze zwischen fruchtbahren Bäumen / unter welchen der Kayser sich zur Ruhe niederlegte / und unter dem Schall angenehmer *Music* die Ufer des lustigen Campaniens befuhr. Alles was in Aufbauung köstlicher Städte und Gebäu die gesunde Vernunfft vor unmöglich schätzte / das wolte er werckstellig machen. *In Summa*, dieses Monstrum ist so verschwenderisch gewesen / daß er alle die Schätze / welche der *Tiberius* in so vielen Jahren zusammen gesammlet / und die über hundert *Millionen* betrugen / in einem Jahre durchgebracht; Hierauf aber / als das Geld verschwendet war / verfiel er plötzlich auf einen schrecklichen Geitz / und räuberische Begierde / dadurch kein Ding / noch einige Persohn im Römischen Reiche Zoll-frey seyn muste; In seinem eigenen Pallast richtete er ein Huren-Hauß an / aus welchem er grossen Gewinn zu ziehen verhoffte / und hierzu durch eigene Bothen Junge und Alte einladen ließ; Die reichsten Römer musten gegen grosser Zinse / Geld von ihm nehmen / unter dem Nahmen / dieweil die Kayserliche Schatz-Cammer erschöpffet / muste derselben unter die Armen gegriffen werden.

Ein nicht geringerer Schlämmer war auch der *Claudius*, sintemahl er in Gastereyen einen so grossen Übermuth getrieben / daß er gemeiniglich 600. Persohnen auf einmahl eingeladen / und hierzu solche Oerter erwählet / da sie alle bequemlich sitzen kunten: So musten sich auch bey allen Mahlzeiten seine Kinder und unterschiedliche Adeliche Knaben und Jungfrauen befinden / welche nach der alten Gewohnheit an den Bett-Pfeilern fassen / und daselbst gespeiset wurden. als ihm einsmahls / da er Gäste gebethen hatte / ein güldener Becher weg kahm / bath er eben dieselbigen Gäste des andern Tages wieder / setzte ihnen aber ein Irrdenes Trinck-Gefäße auf; Und als hernachmahls am Tage kahm / daß *Titus Junius* diesen Becher gestohlen / nahm der Kayser keine andere Rache von ihm / als daß er ihm allezeit / wenn er hernachmahls bey ihm speisete / Irrdene Gefässe vorsetzen ließ.

Des Sauffens ist der *Claudius* allezeit / und an jedem Orte höchst-begierig gewesen / wie er denn die Gewohnheit gehabt / daß er selten nüchtern von der Tafel aufgestanden / doch hat er darbey wenig / insonderheit des Nachts geschlaffen / des Tages aber schlieff er offtmahls so hart / und zwar vielmahls auf dem Richter-Stuhl / daß auch die *Advokaten*, wie laut sie immer reden möchten / ihm nicht ermuntern könnten.

Es wird ihm auch nachgesaget / daß er in den Gedancken gewesen / ein *Edict* zu *publiciren* / daß jeden frey stehen sollte / den Wind / welcher ihn im Leibe *incommodirete* / ungescheut streichen zu lassen.

Nicht ungewöhnlich war es auch bey den Römern / daß / wann sie ihren Gästen eine rechte Lust machen wollten / sich etliche paar Fechter vor dem Tische zu Tode kämpfen musten; Also / daß ihr Blut offtmahls den Tisch und die Speisen besudelte. Diese armselige Menschen nannte man *Gladiatores Convivales*, oder auch *Cubicularios*.

Eine sehr seltzame Mahlzeit war auch diejenige / welche der Tyranne *Domitianus* einmahl denen Römischen Rahtsherren zu geben angestellet hatte / indem sie bey ihrer Ankunfft insgesamt in einem rund herum mit schwarzen *Boy* bezogenen Saal geführet wurden / in welchen die kleine angezündete Ampeln / derer man sich bey denen Begräbnissen zu gebrauchen pflegte / nur darum schienen angestecket zu seyn / damit die nach Anzahl der eingeladenen Rahtsherren ordentlich hingestellte Todten-Särge / den Gästen desto besser vor Augen stehen möchten; Welche / wie leicht zu ermessen / aus dieser Vorbereitung sich nicht viel gutes träumen liessen / noch mehr aber erschrocken wurden / als der Kayser selbst in das Zimmer tratt / und eine *Oration* von Sterben hielte / welche diesen guten Leuten ein Donner-Strahl zu seyn bedünckte / der ihnen ihren jetzt bevorstehenden Todt verursachen würde; Plötzlich aber veränderte sich diese *Tragœdia* in eine *Comœdiam*, denn als der Tyrann nunmehro seine Augen mit der Herzens-Angst dieser Rahtsherren gnugsahm gesättiget hatte / ließ er sie alle von sich / und sandte ihnen noch darzu treffliche Geschencke auf dem Fuß nach / welche sie ihres ausgestandenen Schreckens etlicher massen solten vergessen machen.

Erstes Buch

Ausgezeichnete Weinwürze. Gib in einen kupfernen Kessel 2 Sextarien Wein und 15 Sextarien Honig, lasse dies auf gelindem Feuer unter Umrühren mit einem Rutenbesen sich mischen und heiß werden. Sobald die Flüssigkeit aufwallen will, schrecke sie durch einen Guss kalten Weins ab und nimm das Gefäß vom Feuer. Nach Erkalten wiederhole diese Arbeit zweimal, lasse darauf den Kessel bis zum folgenden Tage ruhig stehen und schäume ihn dann ab. Nun füge 4 Unzen geriebenen Pfeffer, 3 Skrupel Pistazienharz, je eine Drachme Nardenblätter und Safran und 5 Drachmen geriebene geröstete Dattelkerne, die in Wein so lange eingeweicht sind, bis sie sich leicht verarbeiten lassen, hinzu. Zum Schluss gieße 18 Sextarien leichten Wein zu und lasse das Ganze noch einmal tüchtig durchkochen. 1

Würzhonig. Ein Weinzusatz, der sich lange hält und besonders von Fußreisenden gebraucht wird. Er besteht aus aufgekochtem, abgeschäumtem und mit gemahlenem Pfeffer vermischtem Honig. Gib diese Würze im Augenblick des Trinkens in den Becher und nimm, je nach der gewünschten Süße, mehr Honig oder mehr Wein. Setze schon bei der Bereitung der Würze etwas reichlich Wein zu, weil sie sich dann besser auflöst. 2

Römischer Wermutwein. Nimm dazu camerinischen Wermut und nur in dessen Ermangelung pontischen, gereinigt und zerquetscht und zwar eine thebanische Unze. Füge dazu Pistazien, 3 Skrupel Nardenblätter, 6 Skrupel indische Wurzel (Kostwurz), 3 Skrupel Safran und 18 Sextarien alten Wein. Lasse dies auf kalten Weg digerieren. 3

Rosen- und Veilchenwein. Entferne von Rosenblättern den unteren Teil, fülle sie dann in leinene Beutel und hänge diese in eine reichliche Menge Weins. Gib nach 7 Tagen neugefüllte Beutel in den Wein und nach wieder 7 Tagen abermals. Seihe den Wein durch; versüße ihn beim Trinken mit Honig. Achte darauf, dass nur die besten und ganz tautrockenen Rosen gepflückt werden. 4

Ebenso mache den Veilchenwein.

Falscher Rosenwein (ohne Rosen). Hänge frische Blätter des Zitronenbaumes in einem Körbchen in ein Fass mit Most, bevor die Gärung begonnen hat. Nach 40 Tagen entferne die Blätter und gebrauche den Wein, wenn nötig, mit Zusatz von Honig, als Rosenwein. 5

Ersatz für Liburnisches Öl. Zerquetsche Alant, Cypergras, frische Lorbeerblätter, treibe dies durch einen Durchschlag, dass ein feines Pulver entsteht. Mische dies mit fein gemahlenem Salz, gib es in spanisches Olivenöl und schüttele dies 3 Tage gut um. Dann lasse das Öl ruhen; es wird später von jedermann für liburnisches gehalten werden. 6

Trüben Wein zu klären. Schütte Bohnenmehl oder das Weiße von 3 Eiern in das Fass, rühre mit einem Rutenbesen lange um, dann wird der Wein am anderen Tage klar sein. Auch Rebenasche bewirkt dasselbe. 7

Herstellung des Garum. Koche ein Sextarium Sardellen und drei Sextarien guten Wein so lange, bis beides zu einer dicken Masse geworden ist. Diese treibe durch ein Haarsieb und hebe sie in Glasflaschen auf.

Garum ist die feinere, Muria die gewöhnlichere Fischsauce, die fast bei keiner Speise fehlt. 8

Schlechtriechende Fischsauce wieder gebrauchsfähig zu machen. Räuchere ein umgekehrtes leeres Gefäß mit Lorbeer- und Zypressenzweigen aus und gieße die vorher in frischer Luft gut geschlagene Sauce hinein. War sie zu salzig, gib Honig dazu und schlage sie mit einer Dornenrute gut durch, sie wird dann wieder brauchbar sein. Statt Honig tut auch neuer Most dasselbe. 9

Fleisch ohne Salz auf eine begrenzte Zeit frisch zu erhalten. Lege zu diesem Zweck das frische Fleisch in Honig, dass es ganz bedeckt ist, hänge das Gefäß auf und verwende das Fleisch wie gewöhnlich. Im Winter hält sich das Fleisch länger, im Sommer nur einige Tage. Mit gekochtem Fleisch kannst du ebenso verfahren. 10

Pökelfleisch (vom Schwein oder Rind), Eis- und Spitzbeine lange aufzubewahren. Lege die Stücke in eine Marinade aus Essig, Senf und Honig, dass sie vollständig bedeckt sind. »Wenn du es gebrauchst, wirst du dich wundern!«, sagt unser Original. 11

Pökelfleisch zu entsalzen. Koche es in Milch oder in Wasser. 12

Bratfische zu konservieren. Sobald die Fische gar sind, übergieße sie mit heißem Essig. 13

Austern zu konservieren. Lege die aus den Schalen genommenen Austern in ein Essigfässchen, streue Lorbeerbeeren und fein gemahlenes Salz dazwischen und verschließe es gut. 14

Um von einer Unze Asant lange zu profitieren, lege das Kraut mit ungefähr 20 Pinienkernen in ein geräumiges

Glasgefäß. Beim Gebrauch nimm von diesen Kernen, reibe sie und mische das Geriebene in die Speisen. Die herausgenommenen Kerne ersetze durch neue. 15

Damit sich Honiggebäck lange hält, mische gleichzeitig mit dem Honig Hefe unter das Backmehl. 16

Verdorbener Honig wird wieder brauchbar und verkaufsfähig, wenn man zu einem Teil schlechten 2 Teile guten Honig mischt. »Unwürdiger Betrug!«, sagt unser Original. 17

Honig auf seine Güte zu prüfen. Tauche einen Stängel Alant in den Honig und zünde ihn an: Ist der Honig nicht verdorben, so brennt die Flamme hell. 18

Weintrauben lange aufzubewahren. Übergieße unverletzte Trauben in einem entsprechenden Gefäß mit Regenwasser, das auf ⅓ seiner Menge eingekocht ist, verpiche und vergipse das Gefäß und stelle es an einen kühlen Ort, wo es nicht von der Sonne beschienen werden kann. Beim Gebrauch werden die Trauben sich wie ganz frische erweisen. Das Wasser gib in Krankheitsfällen anstelle von Honigwasser. Auch wenn du sie mit Gerste (Gerstenkleie) überschüttest, wirst du die Weintrauben unverdorben finden. 19

Um Äpfel und Granatäpfel lange zu halten, tauche sie in siedendes (See-)Wasser, nimm sie sofort heraus und hänge sie auf. 20

Um Cydonische Äpfel (Quitten) lange zu halten, nimm sie mit Fruchtzweig und Blättern ab, lege sie in ein Gefäß und übergieße sie mit Honig nebst abgekochtem Most. 21

Um frische Feigen, Äpfel, Pflaumen, Birnen und Kirschen lange zu halten, pflücke sie sorgsam mit ihren Stielen und lege sie in Honig, dass sie sich nicht berühren. 22

Um Zitronen- (medische) Äpfel lange aufzubewahren, lege je eine Frucht in ein Gefäß, vergipse dasselbe und hänge es auf. 23

Maulbeeren zu konservieren. Koche den sich bildenden Saft mit Most auf, lasse die Maulbeeren darin aufwallen und schütte alles in gläserne Gefäße, die gut verschlossen werden müssen. 24

Um Küchenkräuter und Gemüse lange zu halten, nehme man ausgesucht gute und nicht ganz reife und lege diese in ein Gefäß, das gut verpicht wird. 25

Rüben zu konservieren. Putze und beschneide die Rüben wie üblich und packe sie dann in ein Gefäß, indem du Myrrhenbeeren dazwischen streust. Übergieße sie mit Honigessig oder mit einer Lake aus Honig, Essig, Senf und Salz. 26

Trüffeln lange aufzubewahren. Schichte ausgesuchte Exemplare, die noch nicht von Feuchtigkeit usw. gelitten haben, in Gefäße abwechselnd mit trockenem Sägemehl, vergipse die Gefäße und stelle sie an einen kühlen Ort. 27

Hartschalige Pfirsiche. Um diese lange aufzubewahren, wähle die besten aus und lege sie in Salzlake. Am folgenden Tage nimm sie heraus, spüle sie gut ab und packe sie mit Salz und Pfefferkraut in ein Gefäß; sie werden mit Essig übergossen. 28

Um frische Oliven aufzubewahren, dass man jederzeit Öl daraus machen kann, lege man sie sofort nach dem Pflücken in Salzlake ein und verwende sie, wie eben vom Baum genommene. 29

Damascener-Pflaumen, Datteln, Traubenrosinen, Granatäpfel, bewahre stets an trockenem Ort auf, damit sie keinen Geruch anziehen und nicht an Güte leiden. 30

Würzsalz, ein Mittel gegen viele Krankheiten. Anzuwenden gegen Verdauungsbeschwerden und Pestilenz und alle Krankheitsfälle, den »Bauch zu bewegen« und kaltem Fieber vorzubeugen.

Gewöhnliches (Koch-)Salz, gerieben, 1 Pfund, Ammoniak-Salz 2 Pfund, weißen Pfeffer 3 Unzen, Ingwer 3 Unzen, Thymian ½ Unze, Selleriesamen ½ Unze, Petersiliensamen 3 Unzen, Majoran 3 Unzen, Raukesamen (eine Kohlart) ½ Unze, schwarzen Pfeffer 3 Unzen, Safran 1 Unze, cretischen Isop 2 Unzen, Nardenblätter 2 Unzen, Petersilienblätter 2 Unzen und Dill 2 Unzen;

Senfsamen nehme man nicht hinein. Ist bedeutend milder als man annimmt. 31

Sauce für Austern und andere Schaltiere. Pfeffer, Petersilie, getrocknete Minze, Nardenblätter, viel Kümmel, Honig, Essig und Fischlake innig miteinander verarbeiten. 32

Oder: Pfeffer, Liebstöckel, Petersilie, getrocknete Minze, viel Kümmel, Honig, Essig und Fischlake. 33

Scharfe Asant-Würze. Löse cyrenischen oder persischen Asant in lauwarmem mit Essig und Fischlake vermischtem Wasser auf. 34

Oder: Nimm Pfeffer, Petersilie, trockene Minze, Asantwurzel, Honig, Essig und Fischlake. 35

Oder: Nimm Pfeffer, Kümmel, Dill, Petersilie, trockene Minze, Asantwurzel, Nardenblätter, indisches Gewürz, Honig, Essig und Fischlake. 36

Feine Würze für Trüffeln. Pfeffer, Liebstöckel, Koriander, Raute, Fischlake, Honig und ein wenig Öl. 37

Oder: Thymian, Bohnenkraut, Pfeffer, Liebstöckel, Honig, Fischlake und Öl. 38

Sauersüße Sauce. 2 Unzen Kümmel, 2 Unzen Ingwer, 1 Unze frische Raute, 2 Skrupel Natron, 12 Skrupel Datteln, 1 Unze Pfeffer und 9 Unzen Honig schütte in Essig. Wenn genug durchgezogen, nimm alle Ingredienzien heraus, trockne sie und reibe sie dann im Reibstein, mische sie mit Honig und gib nachher, wenn erforderlich, Weinsauce hinzu. 39

Milde Sauce. Pfeffer, Liebstöckel, trockene Minze, Pinienkerne, Traubenrosinen, süßen Käse, Honig, Essig, Fischlake, Wein, Öl und eingekochten Most. 40

Verdauungs-Sauce. ½ Unze Pfeffer, 5 Skrupel Kardamom, 6 Skrupel Kümmel, 1 Skrupel Narde, 6 Skrupel trockene Minze. Zerquetsche dies alles, treibe es durch ein Sieb und mische es mit Honig. Wenn nötig, gib Fischlake oder Essig dazu. 41

Oder: Je 1 Unze Pfeffer, Petersilie, Kümmel und Liebstöckel verarbeite mit Honig und gib dann Fischlake und Essig dazu. 42

Gemischtes Gewürz. Minze, Raute, Koriander, Fenchel, dies alles frisch und grün, ferner Liebstöckel, Pfeffer, Honig, Fischlake und, wenn nötig, Essig werden im Mörser zusammen verrieben. 43

Zweites Buch

Kroketten machst du von Muscheln, Krebsen, Calmar, Tintenfischen, Krabben etc., indem du das verwendbare Fleisch fein hackst und mit Pfeffer, Liebstöckel, Kümmel und Asantwurzel würzest. 44

Kroketten von Calmar. Nach Entfernung aller Abfälle zerstoße und zerreibe im Reibstein das verwendbare Fleisch wie üblich, vermische es mit Fischlake, forme es zu Kroketten und brate diese. 45

Kroketten von Meerspinnen und großen Kammmuscheln. Nimm die Körper aus den Schalen, zerreibe sie im Reibstein mit Pfeffer und sehr guter Fischlake, forme aus der Masse Kroketten und brate sie dann. 46

Netzwürstchen von Schweineleber mache auf folgende Art: Befreie eine Schweineleber von Haut, Sehnen etc., brate sie und zerreibe sie im Reibstein mit Pfeffer, Raute und Fischlake. Aus der Masse mache mit einem Schweinenetz kleine Würstchen und wickle in deren jede ein Lorbeerblatt. Dann hänge sie so lange in den Rauch, wie du willst; zum Gebrauch brate sie. 47

Gehirnkroketten. Im Reibstein verarbeite Pfeffer, Liebstöckel, Majoran und gib Fischlake dazu. Koche inzwischen 3 Schweine-Hirne, verreibe sie fein, dass kein Knorpel etc. darin bleibt und füge sie nebst 5 ganzen, gut verklopften Eiern zu den Gewürzen, verarbeite alles zu einem gleichmäßigen Teig, befeuchte ihn mit Lake, schütte ihn in eine Metallpfanne und lasse ihn gar werden. Dann schneide ihn in mundrechte Stücke und richte diese auf einer Servierschüssel an. Als Sauce verreibe im Mörser Pfeffer, Liebstöckel und Majoran, mische dies gut mit Fischlake, lasse es aufkochen, füge zerbrochene feine Mehlnudeln hinzu, lasse es einkochen, rühre gut um und schütte die Sauce über die Kroketten. Streue Pfeffer über das Gericht und serviere. 48

Pilzkroketten. Säubere die Pilze und Schwämme gut, entferne ihre harten Teile, verarbeite sie mit gesiebtem Mehl und Eiern zu einer Farce, pfeffere diese und mache mit einem Schweinenetz Würstchen daraus. Diese schmore in Weinlake und serviere sie wie Fleischkroketten. 49

Netzwürstchen von Schweinefleisch. Gehacktes Schweinefleisch verarbeite mit entkrustetem Weizenbrot, etwas Wein, Fischlake, Pfeffer und wenn du willst, auch mit ein paar geschälten Myrtenbeeren zu einer Farce, forme daraus kleine Würstchen, bestreue sie mit Pfeffer und Pinienkernen, wickle sie in Netzstücke und lasse die Würstchen in Most schmoren. 50

Fasanen-Kroketten. Die fetten Brüste junger Fasanen brate an und schneide sie in Stücke, umhülle sie dann mit einer Farce aus dem gehackten übrigen Fasanenfleisch, Brotmasse, Pfeffer, Fischlake und Most, forme Kroketten aus dem Teig und koche diese in Salzwasser gar. 51

Gulasch. Verreibe Pfeffer, Liebstöckel und ein wenig Bertram, gib Fischlake und Regenwasser dazu, mische alles gut durcheinander, lege klein geschnittenes Fleisch hinein, hänge das Gefäß über das Feuer und lasse das Ganze gar werden. Dann trage es »zum Schlürfen« auf die Tafel. 52

Würze für Hühnerkroketten. Ein Pfund Ölbaum- (Veilchen-?)Blüten, ein Quartarium Fischlake, ½ Unze Pfeffer im Mörser verrieben. 53

Andere Würze für Hühnerkroketten. Verreibe 31 Pfefferkörner, gib einen Becher beste Fischlake, ebenso viel gekochten Most und 2 Becher Wasser dazu und lasse dies aufkochen (nicht direkt im Feuer, sondern darüber »im Rauch« hängend, wie in Nr. 52). 54

Einfaches Würzfleisch. Zu einem Teil Fischlake gebe man 7 Teile Wasser, etwas grüne Sellerieblätter und

3 Löffel geriebenen Pfeffer. Darin koche man das geschnittene Fleisch. Soll es »um den Bauch zu lösen« gegeben werden, so füge man der Brühe entsprechende Gewürze bei. (Etwa nach Rezept 31.) 55

Anmerkung des Originals. Pfauen-Kroketten werden als ganz vorzüglich betrachtet, besonders wenn sie weich gebraten sind. An zweiter Stelle (in der allgemeinen Schätzung) stehen die vom Fasan, an dritter die von Kaninchen, der vierte Platz gehört den Hühnerkroketten und den fünften nehmen die von zartem Schweinefleisch ein. 56

Würzfleisch mit gebundener Sauce. Verreibe Pfeffer, Liebstöckel, etwas Majoran, Asant, ganz wenig Ingwer und etwas Honig, mische es dann mit Fischlake, lasse die Fleischstücke damit gar kochen, binde die Brühe mit (Schwitz-)Mehl und trage das Gericht »zum Schlürfen« auf. 57

Andere gebundene Sauce für Würzfleisch. Verreibe tags zuvor eingeweichten Pfeffer mit Fischlake, dass ein dicker Brei entsteht. Zu demselben mische eingekochten kretischen Wein (oder eine Abkochung von getrockneten Feigen), was die Römer »Couleur« nennen. Darauf füge (Schwitz-)Mehl oder Reismehl hinzu und lasse die Sauce auf langsamem Feuer seimig werden 58

Hühnerfrikassee. Entbeine junge Hühner, zerschneide sie und koche sie mit Lauch, Dill, Pfeffer, Salbeisamen gar, gib dann Reismehl, Fischlake und Most hinzu, rühre gut um und trage das Frikassee auf. 59

Süßer Mehlbrei. Feinstes Speltmehl koche mit in Wasser geweichten und abgezogenen, sowie mit kretischer Erde blendend weiß gewaschenen Piniennüssen, Mandeln und Traubenrosinen in Most oder eingekochtem Wein zu einem dicken Brei. Diesen überstreue mit geriebenem Brot und serviere ihn auf einer tiefen Schüssel. 60

Gefüllte Schweinstäschchen. Pfeffer und Kümmel, im Mörser gerieben, 2 kurze Lauchstücke vom fleischigen Wurzelende, Raute, Fischlake und fein zerkleinertes und verriebenes (Schweine-)Fleisch vermische untereinander. Dann verreibe in gut gewaschenem Mörser Pfefferkörner und Piniennüsse so, dass du sie unter die Fleischfarce mischen kannst, fülle mit der Masse kleine Schweinetaschen und koche sie in Wasser mit Öl, Fischlake, etwas Lauch und Dill. 61

Blutwürstchen. 6 hart gekochte Eigelb, Piniennüsse, Zwiebeln und Lauch werden fein gehackt, mit rohem Blut und etwas Pfeffer, Fischlake und Wein zu einer Farce verarbeitet mit der man Därme füllt und diese kocht. 62

Rauchwürstchen. Diese mache ähnlich wie die eben beschriebenen Blutwürstchen. Mische gut zerkleinertes Schweinefleisch, Pfeffer, Kümmel, Boretsch, Raute, Petersilie, Lorberbeeren, alles fein geschnitten, und Fischlake dazu und arbeite das Ganze nochmals mit Fischlake, ganzem Pfeffer und Piniennüssen wegen des vielen Fettes gut durch. Mit dieser Masse fülle, sie sehr vorsichtig vorschiebend, Därme, und hänge sie in den Rauch. 63

Hirnwürstchen. Verreibe Gehirn mit ganzen Eiern, Piniennüssen, Pfeffer, Fischlake und etwas Asant, fülle die Masse in Därme, brühe die Würstchen und brate sie dann. 64

Bratwürstchen. Gekochtes Speltmehl verarbeite mit gehackten und zerriebenen Fleisch, Pfeffer, Fischlake und Piniennüssen zu einer Farce. Damit fülle Därme, koche die Würstchen und brate sie dann. Schneide sie in Scheiben und trage sie mit Senf auf. 65

Grützwurst. Wasche Speltgraupen und koche sie mit Fischlake, Gekrösefett und dem weißen feingehackten Ende des Lauchs. Dazu mische fein gehacktes Fleisch und Speck und verarbeite alles im Mörser mit geriebenem Pfeffer, Liebstöckel, 3 ganzen Eiern, Pinienkernen, ganzem Pfeffer und Fischlake zu einer Farce mit der du die Därme füllst. Dann brühe die Würstchen und brate sie hernach, aber gib etwas von der Brühe in die Bratpfanne. 66

Geräucherte Fleischwurst. Fülle lange Därme mit Fleischfarce, mache runde Würste daraus und räuchere dieselben. Brate sie dann, richte sie (in Scheiben) hübsch an und serviere sie mit Weinlake und Kümmel. 67

Drittes Buch

Schön grüne Gemüse erhält man, wenn man beim Kochen Natron hinzugibt. 68

Brei-Rezepte

(Einige darunter empfohlen »gegen Bauchbeschwerden«.)

a. Rote Rüben und frische Lauchstängel, gesäubert und zerkleinert, gib in den Kochtopf, füge Fischlake mit zerriebenem Pfeffer, Kümmel und, damit es milder schmecke, etwas eingekochtem Wein vermischt hinzu, lasse es gut durchkochen und serviere es heiß. 69
b. Ähnlich verwende Farn-Wurzel. Putze und zerschneide sie und setze sie mit lauwarmem Wasser auf. Sobald sie weich geworden, schäle sie und lasse sie mit geriebenem Pfeffer und Kümmel durchkochen. 70
c. Streife von Mangoldstängeln die Blätter, ziehe die Stängel ab, binde sie in Bündel, setze sie mit etwas Na-

tron auf und füge, wenn das Wasser kocht, eingekochten Wein oder Most, Kümmel, Pfeffer, etwas Öl und schließlich etwas mit Fischlake verriebene Farnwurzel, sowie einige Piniennüsse hinzu, arbeite alles gut durcheinander und trage es sogleich, sehr heiß, zum Essen auf. 71

d. Nach Varro. Putze rote Rüben und koche sie in Honigwein oder Wasser mit Öl und wenig Salz, dass ein seimiger Saft entsteht, der getrunken wird. Besser, wenn ein Huhn mitgekocht wird. 72

e. Sellerie, Knolle und Blätter, und Lauch, das weiße Wurzelende mit Grünem, wasche und trockene die Gemüse an der Sonne, koche sie dreimal ein und zwar in einem neuen Topf. Nun verreibe Pfeffer, Fischlake und etwas Honig mit dem letzten Kochwasser, gieße dies über die Gemüse, lasse aufkochen und nimm den Brei vom Feuer. Wenn es gewünscht wird, serviere die Sellerieknollen mit. 73

Spargel wasche, trockne sie gut ab, lege sie wieder in heißes Wasser und koche sie. 74

Kürbis-Rezepte

a. Gib ausgedrückte, gekochte Kürbisse in einen Kessel, füge Kümmel, Asant, Raute, die du mit Fischlake und Essig im Reibstein zusammengearbeitet hast, sowie etwas eingekochten Wein hinzu, damit die Masse Farbe bekomme, und lasse dreimal aufkochen. Dann serviere mit ein wenig Pfeffer darüber. 75

b. Auf indische Art. Reibe Pfeffer, Kümmel, Raute zusammen, gib dies mit Essig und Lake in einen Topf und lege die in Stücke geschnittenen und ausgedrückten Kürbisse hinein, lasse sie in dem Saft aufkochen und binde die Sauce mit (Schwitz-)Mehl, streue Pfeffer darüber und trage auf. 76

c. Nach alexandrinischer Art. Zerschneide gewaschene Kürbisse, drücke sie aus, bestreue sie mit Salz und lege sie in ein Kochgefäß. Dann verreibe Pfeffer, Kümmel, Koriander, grüne Minze, etwas Asant und Piniennüsse mit Essig und eingekochtem Wein, gib Essig, Salz, Most und Öl hinzu, übergieße damit die Kürbisstücke, lasse sie gut durchkochen, streue dann den Pfeffer darüber und trage auf. 77

d. Andere Art. Waschen, zerschneiden und mit Fischlake, ungemischtem Wein und Öl kochen. 78

e. Andere Art. Zerschneiden, braten und mit Weinlake und Pfeffer servieren. 79

f. Andere Art. Brühen und braten, mit Kümmelgewürz und Öl aufkochen. 80

g. Andere Art. Brate die in Stücke geschnittenen Kürbisse. Verreibe dann im Mörser Pfeffer, Liebstöckel, Kümmel, Majoran, Zwiebel, lasse dies mit Wein, Fischlake und Öl aufkochen, binde mit (Schwitz-)Mehl und gib diese Sauce über die Kürbisse. 81

h. Andere Art, mit Huhn. Koche die Kürbisstücke mit einem Suppenhuhn, hartschaligen Pfirsichen, Trüffeln,

Pfeffer, Kümmel, Asant, Korianderstängeln, grüner Minze, Sellerieblättern, frischem Flöhkraut, Nelken, ferner mit Honig, Wein, Fischlake, Öl und Essig. 82

Coloquinten koche mit Sesel, Asant, getrockneter Minze, Essig und Fischsauce. 83

Gurken- Rezepte

a. Erste Art. Koche die geschälten Gurken in einfacher oder in Weinlake und du wirst sie dann sehr zart finden und kein Aufstoßen oder sonstige Beschwerden bekommen. 84

b. Andere Art. Schäle und wasche die Gurken und koche sie mit gebrühten Schweine-Hirnchen, Kümmel, Honig, etwas Selleriesamen, Lake und Öl, binde die Sauce mit Eiern, streue Pfeffer darüber und serviere. 85

c. Andere Art. Koche die Gurken mit Pfeffer, Flöhkraut, Honig und eingekochtem Most, Fischlake und Essig; bisweilen wird auch Asant dazu genommen. Ebenso verfährt man mit den sogenannten Peponen und Melonen. 86

Malven, kleinblättrige, koche mit Wein- und Fischlake, Öl und Essig; großblättrige mit Wein- und Salzlake, eingekochtem Most oder Wein und Pfeffer. 87

Broccoli (Spargelkohl)-Rezepte

a. Koche das Gemüse mit Kümmel, Salz, altem Wein, Öl – wer will kann Pfeffer und Liebstöckel hinzugeben – sowie Minze, Raute, Koriander. Die Blätter koche mit Fischlake, dazu Wein und Öl. 88

b. Gebrühte Broccoli schneide mitten durch und koche sie mit Koriander, Zwiebel, Kümmel, Pfeffer, eingedicktem Wein oder Most und etwas Öl. Alle Blätter verreibe und gib sie dazu. 89

c. Gebratene Broccoli lege in den Kochtopf und gib Fischlake, Öl, Kümmel, Pfeffer, Lauch dazu, lasse durchschmoren und streue beim Servieren Pfeffer, Kümmel, Lauch und frischen Koriander gehackt darüber. 90

d. Broccoli werden wie eben geschildert behandelt und mit gebrühtem Lauch gekocht. 91

e. Broccoli behandle wie oben geschildert und koche sie mit frischen Oliven. 92

f. Broccoli behandle nach obigen Rezepten und übergieße sie mit gebrühten Speltgraupen, die mit Piniennüssen vermischt sind und koche sie durch. Traubenrosinen streue darüber. 93

Lauch-Rezepte

a. Um Lauch recht weich zu machen, koche ihn in Wasser mit Öl und einer Handvoll Salz. Dann nimm ihn heraus und serviere ihn mit einer Sauce aus Öl, Lake und ungemischtem Wein. 94

b. Wickele die weißen Wurzelenden des Lauch in Kohlblätter, mache sie in glühenden Kohlen gar und serviere sie wie ad a. 95

c. Koche Lauch im Kessel und serviere ihn wie ad a. 96

d. Brühe den Lauch und serviere ihn mit der Sauce wie a, in welche reichlich weich gekochte, ungewürzte Bohnen gemischt sind. 97

Mangold

a. Zerschneide das Gemüse, koche es mit Lauch, Koriander, Kümmel, Traubenrosinen, Mehl und verarbeite die Brühe zu einer dicken Sauce. Beim Servieren trage noch eine Mischung von Fischlake, Öl und Essig mit auf. 98

b. Koche das Gemüse und gib es mit Senf, etwas Essig gut übergossen zu Tisch. 99

Pikante Kräuter. Binde Küchenkräuter in Sträußchen, befeuchte sie gut mit einer Mischung aus Fischlake, Öl und ungemischten Wein. Sie eignen sich gut zu Bratfischen. 100

Rüben brüht man gut ab, drückt sie aus und kocht sie mit reichlich geriebenem Kümmel, etwas Raute, Asant, Honig, Essig, Fischlake, gekochtem Wein und etwas Öl oder man serviert sie (wie üblich vorbereitet und gekocht) mit Öl und Essig. 101

Rettig serviert man mit gepfefferter Sauce, die man herstellt, indem man Pfeffer und Salzlake im Reibstein verarbeitet. 102

Brei von Kräutern und Gemüse

a. Koche (allerlei) Küchenkräuter in Wasser mit Natronzusatz weich, drücke sie aus, zerkleinere sie fein und verreibe den Brei mit Pfeffer, Liebstöckel, trockenem Pfefferkraut, Zwiebeln, Fischlake, Öl und Wein im Reibstein. 103

b. Koche eine Sellerieknolle in Wasser mit Natronzusatz halbweich, nimm sie heraus, und schneide sie klein. Im Reibstein verreibe Pfeffer, Liebstöckel, Majoran, Zwiebel, Fischlake und Öl. Alles dies lasse in einer Kasserolle aufkochen, gib dann den Sellerie dazu und lasse ihn gar werden. 104

c. Koche Lattichblätter mit Zwiebeln in Natronwasser weich, drücke sie aus und zerhacke sie fein. Im Mörser verreibe Pfeffer, Liebstöckel, Selleriesamen, trockene Minze, Zwiebel, Fischlake, Öl und Wein und mische dies mit dem Gemüsebrei. 105

d. *Aufbewahrung solcher Breie.* Damit der Gemüsebrei nicht sauer wird, müssen alle Unreinigkeiten und fauligen Stängel etc. entfernt werden; man bedecke den Brei dann mit Absinth-Wasser. 106

Feldkräuter genieße als Salat roh mit Fischlake, Öl und Essig oder koche sie zu Gemüse mit Pfeffer, Kümmel und Mastixbeeren. 107

Nessel kann man im Frühjahr gegen Unterleibsbeschwerden genießen. 108

Endivien-Salat fertige mit Salzlake, Öl und etwas zerschnittener Zwiebel als Frühlings-Salat. Im Winter gieße eine Sauce aus Honig und Essig darüber. 109

Feldsalat genieße mit Essig, etwas Lake und sauersüßer Würze zur Beförderung der Verdauung und Lösung von Blähungen. Achte darauf, dass der Salat nicht beschädigt wird. 110

Kardendiesteln

a. Serviere gekocht mit Salzlake, Öl und zerschnittenen harten Eiern. 111

b. Raute, Minze, Koriander, Fenchel, verreibe grün, Pfeffer, Liebstöckel, Honig, Lake und Öl füge hinzu. Mit dieser Sauce serviere die gekochten Karden. 112

c. Koche die Karden und gib sie mit Pfeffer, Kümmel, Salzlake und Öl auf die Tafel. 113

Pilze und Schwämme

a. Schmore sie mit Weinlake. 114

b. Brühe die Pilze und koche sie mit Salz, Öl, ungemischtem Wein, gehacktem grünen Korianderkraut und ganzem Pfeffer. 115

c. Brühe die Pilze und serviere sie mit folgender Sauce: Selleriesamen, Raute, Honig, Zwiebeln, Pfeffer, eingekochtem Most, Fischlake und etwas Öl verkoche gut und binde diese Flüssigkeit mit (Schwitz-)Mehl. Die Pilze müssen darin heiß werden, bestreue sie dann mit Pfeffer und trage sie auf. 116

d. *Pilz-Soya.* Reibe Kümmel und Raute, gib Fischlake, etwas eingekochten Wein, Öl frischen Koriander und Lauch hinzu und lege die Pilze darin ein. Den sich bildenden Saft benutze als Würze. 117

Der Koch

Ich bin ein Koch / für erbar Gäst /
Kan ich wol kochen auff das best /
Reiß / Pfeffer / ander gut Gemüß /
Vögel / Fisch / Sültzen / reß und süß /
Für den Bauwren und Handwercksmann /
Hirß / Gersten / Linsen / Erbeiß und Bon /
Rotseck / Würst / Suppen / Rübn und Kraut /
Darmit sie auch füllen jr Haut.

Holzschnitt von Jost Amnan
Nürnberg 1568
Vers angeblich von Hans Sachs

e. *Um Pilze lange zu bewahren*, koche sie mit Öl, Fischlake, Pfeffer, füge der Farbe wegen etwas eingekochten Most hinzu und lasse alles dick einkochen. 118

f. *Netzwürstchen von Pilzen.* Brühe die Pilze, entferne alle ihre harten Teile, zerkleinere sie und verreibe sie mit gebrühter Speltgrütze, Eiern, Pfeffer und Lake. Aus dieser Farce mache kleine Würstchen, bestreue diese mit gehackten Piniennüssen und Pfeffer, wickle sie in Netzstücke und brate sie, indem du sie mit Weinlake besprengst. 119

g. Sättige die Pilze mit Salzlake und Öl, brate sie dann, streue Pfeffer darüber und trage sie auf. 120

Karotten oder Pastinaken

a. Schmore die Karotten in Weinlake und bringe sie so auf den Tisch. 121

b. Salze die Karotten und trage sie mit reinem Öl und Essig auf. 122

c. Brühe Karotten, zerschneide sie und koche sie in einer Kümmelsauce nebst etwas Öl. Der Farbe wegen setze etwas eingekochten Most zu. 123

Viertes Buch

Sülzen

a. Verreibe Pfeffer, Minze, Sellerie, trockenes Flöhkraut, Piniennüsse, Honig, Essig, Fischlake, Eidotter, frisches Wasser zu einer Sauce. Dann gib ausgedrücktes, in Essigwasser geweichtes Brot in einen Kessel, füge weißen (frischen) Kuhkäse, klein geschnittene Gurken, Pinienkerne und gehackte Zwiebeln, sowie die Leber von Hühnern dazu, lasse dies gut durchkochen, stelle es auf Eis, gieße, wenn erkaltet, die Sauce darüber und schicke es auf die Tafel. 124

b. Nach Apicius. Gib in einen Reibstein Selleriesamen, trockenes Flöhkraut, trockene Minze, Ingwer, grüne Korianderstängel, entkernte Traubenrosinen, Honig, Essig und Wein, verreibe dies gut zu einer Sauce. Nun schütte in einen Kessel 3 Stück Picentinischen (Spelt-)Brotes, das (zerkleinerte) Fleisch eines Huhnes, die Drüsen eines jungen Ziegenbocks, frischen vestinischen Käse, Pinienkerne, zerkleinerte Gurken und gehackte Zwiebeln, lasse dies gut durchkochen und gieße die Sauce darüber. Wird mit Schnee umhäuft und so aufgetragen. 125

c. Andere Art. Höhle ein Alexandrinisches Brot aus, tränke das Weiche mit Essigwasser und verreibe es im Mörser mit Pfeffer, Minze, Knoblauch, frischem Koriander, weißem gesalzenen Kuhkäse, Wasser und Öl. Wird mit Wein übergossen aufgetragen. 126

Huhn mit Kräutern. Brühe Küchenkräuter verschiedenster Art, gib ein junges Huhn hinein, würze, wenn es beliebt, mit Fischlake und Öl und lasse es kochen. Dann verreibe Fischlake mit etwas Pfeffer, einem Nardenblatt, mische ein ganzes Ei unter den Brei und verarbeite das Ganze. Eine andere Sauce ist folgende: Verreibe Nardenblätter, soviel dem Geschmack entsprechen, mit einem Teil Kerbel, etwas Lorbeerbeere, ½ Kohlstängel und Blättern von frischem Koriander und löse die darin enthaltenen Säfte in einem in die glühende Asche gestellten Gefäß. Dann richte alles in einer Schüssel hübsch an, gib die Sauce darüber und trage es auf. 127

Geflügel-Ragout. Nimm Malven, Lauch, Rüben oder Broccoli, brühe diese Gemüse und setze sie vermengt mit entbeintem und zerschnittenem Fleisch von Drosseln, Hühnern und Schwein auf und lasse dies kochen. Nun verreibe Pfeffer, Liebstöckel, 2 Teile alten Wein, 1 Teil Fischlake, 1 Teil Honig und etwas Öl im Reibstein und lasse es mit dem Ragout durchkochen. Unterdessen verklopfe Milch mit einem Ei, binde damit die Sauce und serviere, sobald sie dicklich geworden ist. 128

Eierkuchen-Rezepte

Mit Gehirn: Verreibe blanchierte Schweine-Hirnchen mit Pfeffer, Kümmel und Asant, vermische dies mit Salzlake, eingekochtem Wein, Milch und Eiern und mache es über schwachem Feuer oder über kochendem Wasser gar. 129

Mit Pinienkernen und Nüssen. Röste Pinienkerne und Nüsse, verreibe sie mit Honig, Pfeffer, Fischlake, Milch, Eiern und etwas Öl und backe den Teig in der Pfanne. 130

Mit Lattich. Verreibe einen Kopf Salat und koche ihn mit Pfeffer, Salzlake, eingekochtem Wein, Wasser und Öl, binde das Gericht mit Ei, streue Pfeffer darüber und serviere. 131

Mit konservierten Kräutern. Nimm eingemachte Kräuter, reinige, wässere und koche sie, lasse sie wieder abkühlen und löse sie voneinander. Dann koche vier gut geputzte Schweine-Hirnchen. Ferner verreibe im Mörser 6 Skrupel Pfeffer mit etwas Lake, gib die Gehirne hinein und verreibe wieder, füge dann die Kräuter hinzu und verreibe noch einmal unter Zusatz von

8 Eiern, etwas Lake, Wein und eingekochtem Most. Diesen Teig setze in einer Pfanne auf die heiße Asche. Sobald er gar ist, wird er mit Pfeffer überstreut und aufgetragen. 132

Mit Feigendrosseln. Bereite ein Spargelpüree und treibe es durch ein Sieb. Ferner bereite Feigendrosseln wie üblich vor. Nun verreibe im Mörser 6 Skrupel Pfeffer mit Lake, Wein und eingekochtem Most und lasse dies im Kessel mit 3 Unzen Öl verkochen. Jetzt verklopfe in einer eingefetteten Pfanne 6 Eier mit Weinlake, mische das Spargelpüree und die Pfefferwürze gut darunter, lege die Drosseln hinein und lasse den Eierkuchen auf heißer Asche gar werden. Wird mit Pfeffer überstreut und kalt aufgetragen. 133

Mit Spargeln. In einen Reibstein gib die Kopfenden von Spargeln und verreibe sie mit Wein, Pfeffer, Liebstöckel, frischem Koriander, Bohnenkraut, Zwiebel, Lake und Öl. Diesen Brei schütte in eine eingefettete Pfanne, vermische ihn mit Eiern und setze die Pfanne aufs Feuer. Sobald die Omelette gar ist, streue Pfeffer über und serviere. 134

Anmerkung des Originals. Ebenso mache man Eierkuchen mit Feldkräutern, Kümmel, Senf, Gurken, Kohl etc. Man kann nach Belieben auch das Fleisch von Fischen oder Hühnern daruntermischen. 135

Mit Flieder (Holunder-)Saft. Nimm Fliederbeeren, putze sie, koche sie mit Wasser und seihe den Saft durch ein Sieb in einen Kessel. Dazu gib 6 Skrupel mit Lake verriebenen Pfeffer, sowie je 1 Cyathum Wein, Lake, eingekochten Most und 4 Unzen Öl, lasse das Ganze auf heißer Asche aufkochen und gib dann 6 Eier hinzu. Sobald sie dick wird, überstreue die Masse mit Pfeffer und trage auf. Auch kalt zu genießen. 136

Mit Rosen. Von Rosenblättern entferne die unteren weißen Teile, gib sie in den Reibstein, gieße Lake dazu und verreibe. Dann mische diesen Brei mit ½ Cyathum Lake und treibe ihn durch ein Sieb. Nun putze 4 Hirne, verreibe sie mit 8 Skrupeln Pfeffer, gib den Rosenbrei, 8 verklopfte Eier, ½ Cyathum Wein und etwas Öl dazu, setze das Ganze in einer Pfanne auf heiße Asche, lasse es dick werden und serviere es mit Pfeffer bestreut. 137

Pfannengericht-Rezepte

Mit Kürbis. Reibe gebrühten Kürbis, gib ihn mit Kümmelgewürz und etwas Öl in eine Kasserolle, lasse durchkochen und auftragen. 138

Mit Eperlans. Wasche und putze die Seestinte und lege sie in ein irdenes Gefäß mit Öl, Lake und Wein. Dann binde Rauten- und Majoranstängel in kleine Bündel, koche damit die Fische gar und serviere sie ohne die Kräuter, nur mit Pfeffer bestreut. 139

Mit gebratenen oder gekochten Fischen. Das Fleisch von gebratenen oder gekochten Fischen hacke ganz fein. Davon nimm reichlich, gib dazu Pfeffer, der mit etwas Raute verrieben ist, genügend Lake und Öl, und mache davon mit verklopften Eiern eine gleichmäßige Masse. Schließlich lege locker Meernesseln darüber, die aber nicht den Teig berühren dürfen, und setze die Kasserolle auf heißen Dampf, damit die Eier stocken können. Ist dies geschehen, so streue Pfeffer über das Gericht und serviere. »Niemand wird herausfinden, was er isst«, sagt unser Original! 140

Auf reiche Art. Weiche alte Pinienkerne ein und trockne sie ab, frische bereite wie üblich vor. Dann lege in eine Kasserolle was folgt: Die Mittelstücke von Malven und Mangold, die weißen Stängelenden von Lauch, Sellerieblätter, ein Bouquet garni von frischen Kräutern, ein junges Huhn, im eigenen Saft gekocht und in Stücke geschnitten, blanchierte Schweine-Gehirne, Bratwürstchen, hart gekochte halbierte Eier, in Scheiben geschnittene abgekochte dicke Würstchen von Schweinefleisch, Hühnerlebern, geriebenes Salzfischfleisch, Meernesseln, Austern und frischen Käse. Darüber streue Pinienkerne und ganzen Pfeffer. Nun bereite folgende Sauce: Pfeffer, Liebstöckel, Selleriesamen, Asant werden verkocht, und mit durchgeseihter Milch, in der Eier verklopft wurden, gemischt, dass eine gleichmäßige dicke Flüssigkeit entsteht. Ist obiges Ragout mit dieser Sauce durchgekocht, so füge noch frische Seeigel hinzu, streue Pfeffer darüber und trage auf. 141

Nach Apicius. Schweins-Euter, Fischfleisch, Hühnerfleisch, Feigendrosseln und Krammetsvögel- brüste, alles gekocht und alles vom Besten, zerschneide mit Ausnahme der Feigendrosseln in kleine Stücke und mische recht frische Eier und Öl darunter. Nun verreibe Pfeffer und Liebstöckel mit Lake, Wein und eingekochtem Most, schütte dies in einen Kessel mit den Fleischstückchen, lasse das Ganze gut durchkochen und fülle es dann nebst seinem Saft mit einem Schöpflöffel lagenweise in ein anderes Gefäß unter Zusatz von ganzem Pfeffer und Pinienkernen. Zwischen jede Lage kommt eine Brotteigdecke und auf jede Lage rechne einen Schöpflöffel voll Farce. Das Gefäß wird mit einer Lage Teig geschlossen, die mit einer Öffnung versehen ist. Streue, wenn beliebt, Pfeffer darüber. 142

Dasselbe, einfacher. Ohne Feigendrosseln oder Krammetsvögel. 143

Süß. Gesäuberte Pinienkerne, gehackte Nüsse und geröstete Traubenrosinen verreibe mit Honig, Milch, Eiern, altem Wein, Öl und etwas Lake und Pfeffer gut und koche es zu einem dicken Mus. 144

Von Salzfischen. Eingesalzene Fische, gleichviel welcher Art, entgräte, brate sie in Öl und gib sie mit gekochten Gehirnen, Hühnerlebern, harten Eiern, weichem reifem Käse zerkleinert in eine Kasserolle, füge Pfeffer, Liebstöckel, Majoran, Rautenbeeren, dies gut verrieben, sowie Wein, Most und Öl hinzu, lasse das Ragout auf langsamem Feuer durchkochen, legiere es mit Eiern, richte es hübsch an, streue gehackten Kümmel darüber und serviere. 145

Thunfisch-Klopse. Enthäute und entgräte die Fischstücke, schneide sie klein und verarbeite sie mit Pfeffer, Liebstöckel, Majoran, Petersilie, Koriander, Kümmel, Rautenbeeren, trockner Minze – dies alles fein gerieben – zu Klopsen, welche man in Wein, Lake und Öl gar kocht. Aus der Brühe mache mit Pfeffer, Liebstöckel, Boretsch, Zwiebel, Wein, Essig oder Fischlake und Öl eine Sauce, die du mit einem Ei bindest. Dann gib sie über die Klopse, streue Pfeffer darüber und trage auf. 146

Brei von eingemachten Kräutern. Brühe die konservierten Kräuter mit Natronwasser, drücke sie aus und lege sie in eine Kasserolle. Verreibe dann Pfeffer, Liebstöckel, Koriander, Boretsch, Zwiebel, Wein, Lake, Essig und Öl zu Brei, gib diesen zu den Kräutern, lasse durchkochen, binde mit Schwitzmehl und serviere, nachdem man Pfeffer und Thymian fein gehackt darüber gestreut hat. Du kannst dieses von jedem beliebigen Kraut machen. 147

Fischbouletten. Mische gekochtes Fischfleisch mit Ei und forme Klopse daraus. Dann bringe Fischlake, Wein und Öl zum Sieden, lege die Fischklopse hinein, wende sie, sobald sie auf einer Seite gar geworden sind, vorsichtig um, lasse sie schöne Farbe annehmen und serviere sie, mit Pfeffer bestreut und mit Weinlake übergossen. 148

Brei mit Sardellen und Hirn. Verreibe harte Eier. Sodann brühe und putze Schweinehirn sowie Hühnerkröpfe und koche sie gar, hacke sie fein und gib sie mit den Eiern in eine Kasserolle. Die Sardellen koche und gib sie mit folgender Sauce dazu: Verreibe Pfeffer, Liebstöckel, eingekochten Wein oder Most – um es milder zu machen –, schütte diese Sauce in die Kasserolle, lasse das Gericht ins Kochen kommen, rühre mit einem Rautenzweig um und binde es mit Schwitzmehl. 149

Frische Meerbarben zu kochen. Schuppe die Fische, lege sie in eine saubere Kasserolle, koche sie mit Wasser und Salzlake, schütte etwas Most oder eingekochten Wein darüber, streue Pfeffer über und serviere. 150

Frische Fische aller Art zu braten. Schuppe und wasche die Fische, putze sie, trockne sie, bestreue sie mit Salz und brate sie in Öl, schütte Most in die Pfanne und rühre gut um, dass eine Sauce entsteht. 151

Fische mit Zwiebeln zu braten. Fische, gleichviel welcher Art, schuppe und putze wie gewöhnlich. Dann hacke Schalotten oder gewöhnliche Zwiebeln, gib sie in die Bratpfanne, lege die Fische darauf, gieße etwas Öl und Lake dazu und lasse die Fische gar werden. Dann lege sie in die Mitte der Schüssel, gib etwas Essig und gehackte Saturei darüber und serviere. 152

Zwiebelbrei nach Lucretius. Putze Zwiebeln, wirf das Grüne fort, schneide sie in einen Topf, gib etwas Fischlake, Öl und Wasser dazu, lasse kochen, salze, und wenn die Zwiebeln beinahe weich sind, gib je einen Löffel Honig, Essig und eingekochten Most dazu. Nun schmecke ab: Ist es zu fade, so gib Lake, ist es zu salzig, so gib etwas Honig dazu, streue dann gehackte Saturei über und lasse noch einmal aufkochen. 153

Omeletten mit Sardellen. Wasche und entgräte die Salzfische, vermische sie mit verklopften Eiern und setze dies mit Salzlake, Wein und Öl aufs Feuer. Sobald es gar geworden, gieße einfache Weinlake darüber, bestreue es mit Pfeffer und trage auf. 154

Fische mit Eiersauce. Lege die Fische in ein Kochgeschirr und koche sie mit Öl, Lake, gekochtem Wein, einem Bündchen Lauch und Koriander. Unterdessen verreibe Pfeffer, Liebstöckel und Majoran mit etwas von der Lake der eingelegten Fische und mische diesen Brei mit rohen Eiern, schütte ihn dann in das Kochgeschirr, lasse das Gericht dicklich werden und trage es mit Pfeffer überstreut auf. 155

Seezungen zuzubereiten. Seezungen (wie üblich vorbereitet und mürbe geklopft) lege in eine Kasserolle und übergieße sie mit etwas Öl, Fischlake und Wein. Während sie schmoren, verreibe Pfeffer, Liebstöckel, Majoran mit etwas von der Fischsauce und rohen Eiern zu einer gleichmäßigen Sauce, schütte diese über die schmorenden Fische und lasse sie auf langsamem Feuer eindicken. Dann serviere sie mit Pfeffer bestreut. 156

Fischsauce. 1 Unze Pfeffer, ½ Unze Weinsauce, ½ Unze eingelegte Würzkräuter und 2 Unzen Öl. 157

Kleinfische zubereiten. Verkoche Traubenrosinen, Pfeffer, Liebstöckel, Majoran, Zwiebeln, Wein, Lake und Öl, lasse darin die Fischchen gar werden und binde die Sauce mit Schwitzmehl. 158

Brassen, Doraden und Meeräschen zubereiten. Bereite die Fische wie üblich vor und brate sie ab. Dann pflücke ihr Fleisch von den Gräten und bereite Austern vor. Nun gib in den Reibstein 6 Skrupel Pfeffer, verreibe diese mit Fischlake, gib ferner dazu noch ein Cyathum Fischlake, ebenso viel Wein und 3 Unzen Öl, reibe durch, schütte die Flüssigkeit in einen neuen Kessel und lasse aufkochen. Jetzt gib das Fischfleisch dazu, sowie reichlich verklopfte Eier und lasse auf langsamem Feuer das

Ganze dick werden. Im letzten Moment gib die Austern hinein und serviere das Gericht, mit Pfeffer überstreut, sobald die Austern steif geworden sind. 159

Seebarsch zubereiten. Bereite den Fisch wie üblich vor und koche ihn in folgender Sauce: Verreibe Pfeffer, Kümmel, Petersilie, Raute, Zwiebel, Honig, Salzlake, eingekochten Wein und etwas Öl. 160

Arlesbeeren mit Gehirn. Wasche die Beeren, zerstoße sie im Reibstein und treibe sie durch ein Sieb. Dann putze 4 gekochte Schweine-Hirne und verreibe sie im Mörser mit 8 Skrupel Pfeffer, Fischlake, dem Beerenbrei und 8 verklopften Eiern. Nun setze einen sauberen Kessel auf die Glut, gib die Masse hinein, lege auf den Deckel glühende Kohlen, und lasse den Teig gar werden. Dann serviere ihn, mit Pfeffer überstreut, kalt oder warm. 161

Hartschalige Pfirsiche zubereiten. Putze die Früchte, schneide sie in Stücke, brühe sie ab, lege sie in eine Kasserolle, gib Öl darüber, lasse sie darin weich schmoren und würze sie mit Kümmel. 162

Quitten-Äpfel koche entweder mit Lauch, Honig, Salzlake, Öl und eingekochtem Most oder brühe sie ab und koche sie mit Honig. 163

Birnen-Eierkuchen. Schäle und brühe Birnen, entferne das Kernhaus und verreibe sie mit Pfeffer, Kümmel,

Honig, eingekochtem Wein, Lake, etwas Öl, mische diesen Brei mit Eiern und backe eine Omelette davon. Vor dem Auftragen streue Pfeffer darüber. 164

Nessel-Eierkuchen. Wasche Nesselstängel, treibe sie durch ein Sieb und verreibe den Brei mit Pfeffer und Fischlake. Dann gib noch 2 Cyathi Lake und 6 Unzen Öl hinzu, lasse die Flüssigkeit aufkochen und erkalten. Nun verklopfe in einer sauberen Pfanne 8 Eier, gib den Nesselbrei hinein und lasse die Omelette gar werden, indem die Pfanne in der Asche steht, und lege auch auf den Deckel glühende Kohlen. Wird vor dem Auftragen mit Pfeffer bestreut. 165

Skorpionfische mit Rüben. Koche die wie üblich vorbereiteten und entgräteten Fische in Wasser mit Salzlake und Öl so lange, bis die Brühe halb eingekocht ist. Dann brühe Wasserrüben, schneide sie recht klein und drücke mit den Händen alle Feuchtigkeit aus, mische sie dann mit dem Fisch und lasse die Masse mit reichlich Öl kochen, indem du eine halbe Lorbeerbeere, geriebenen Kümmel und der Farbe wegen Safran zusetzest. Dann binde das Gericht mit Reismehl, übergieße es mit Weinlake und serviere. Man kann ein wenig Essig daran geben. 166

Geschmorte Fische. Du kannst Fische aller Art nehmen. Zunächst verreibe Pfeffer, Koriandersamen, Asant, Majoran, Raute, Most, Essig, Öl, Fischlake, eingekochten

Wein, schütte diese Sauce in einen Kessel, setze sie aufs Feuer und lasse sie tüchtig einkochen. Dann gib die Fische hinein, lasse sie langsam gar schmoren und serviere sie mit Pfeffer überstreut.

Du kannst die Sauce auch ohne Asant machen, sowie ohne Majoran, Raute, Essig und Öl, gib dann aber Liebstöckel, Wein und Honig hinein und binde sie mit Reismehl. 167

Bratfische. Fische beliebiger Art bereite wie üblich vor, brate sie in Öl und lasse sie trocknen. Verreibe Pfeffer, Liebstöckel, Saturei, Zwiebel, Essig, Most, Dill, Eidotter, Honig, Fischlake, Öl, eingekochten Wein zu einer Sauce und serviere die gebratenen Fische damit. 168

Bratfische mit kalter Kräutersauce. Bereite eine Sauce aus Pfeffer, Liebstöckel, Raute, grünen Kräutern und Zwiebeln – alles fein gehackt – vermische sie mit Öl und Essig und serviere damit geröstete Fische jeder Art. 169

Würzfische. Bereite aus Pfeffer, Liebstöckelsamen, Majoran, Zwiebeln, gekochtem Eidotter, Essig und Öl – alles gut zusammen gerieben – eine Marinade, in die du kleinere, wie üblich geputzte Fische einlegst und zugedeckt an kühlem Ort aufbewahrst. 170

Gekochte Fische mit pikanter Sauce. Fische beliebiger Art putze wie üblich, koche sie mit Öl, Salzlake, Wein, Lauch und Korianderstängeln gar und nimm sie heraus.

Nun gib Pfeffer, Majoran, Liebstöckel und abgebrühte Kräuterstängel – alles fein gerieben – in die Sauce, koche durch, binde die Sauce mit Schwitzmehl, lasse die Fische darin wieder heiß werden und serviere sie mit Pfeffer überstreut. 171

Meerbarben in Sauce. Schuppe die Fische, putze sie wie üblich und koche sie mit Öl, Lake, Wein, Lauch und Korianderstängeln. Im Reibstein verreibe Pfeffer mit Öl, etwas Essig, Wein, eingekochten Most, gib dies in ein anderes Gefäß, lasse es aufkochen, binde es mit Schwitz-Mehl, verkoche es mit Fleischbrühe, lasse den Fisch darin heiß werden und bestreue ihn mit Pfeffer. Der Essig kann auch fortbleiben. 172

Muränen oder Aale zuzubereiten. Putze die Fische wie üblich und lege sie vorsichtig in ein Kochgefäß. Dann verreibe im Mörser Pfeffer, Liebstöckel, Majoran, Minze, Zwiebeln und gieße darüber 1 Teil Wein, halb so viel Lake, den dritten Teil Honig und etwas gekochten Most des Wohlgeschmackes wegen. Diese Flüssigkeit gib über die Fische und lasse kochen, bis nur noch wenig Saft übrig ist, der als Sauce dient. 173

Meerkrebse und -spinnen. Koche in einer Sauce aus Pfeffer, Liebstöckel, Selleriesamen mit Essig, Fischlake und Eidotter gut vermischt. 174

Gekochte Fische mit kalter Sauce serviere mit einer kalten Sauce aus Pfeffer, Liebstöckel, Selleriesamen, Majoran, Pinienkernen und Senf mit Essig, genügend eingekochtem Most, Honig und Fischlake innig verrieben. 175

Pürees und Ragouts

Von Fischen. Koche wie üblich vorbereitete Fische mit Lake, Öl, Wein, zerschnittenen Porreewurzelenden, Korianderstängeln und Meernesseln. Dann nimm die Fische heraus, löse das Fleisch von den Gräten, zerkleinere es wie zu Krokettes und schütte es in ein anderes Gefäß. Nun verreibe Pfeffer, Liebstöckel, Majoran gut miteinander, fülle mit Fischlake und der eben gekochten Fischbrühe auf, gieße dies zu dem Fischfleisch, lasse es aufkochen, binde die Masse und verarbeite sie zu Püree. Mit Pfeffer überstreuen und servieren. 176

Nach tarentinischer Art. Ebenso mit etwas eingekochtem Most, statt Fischen mit Hühnern. 177

Nach Apicius. Ebenso mit Fischen, den Testikeln von Kapaunen und Schweinekamm. 178

Nach Matius. Ebenso mit Äpfeln und Schweinebrustspitze. 179

Süß-sauer. Ebenso mit Schweinebrust und Kürbis. 180

Von Frühpfirsichen. Schütte in den Kessel Öl, Lake, Wein, schneide Schalotten hinein und lasse hierin eine Schweinebrustspitze, klein geschnitten, aufkochen. Dann verreibe Pfeffer, Kümmel, trockene Minze und Dill mit Honig, Fischlake, eingekochtem Most, etwas Essig und der erstgekochten Brühe, schütte dann das Schweinefleisch hinein, gib entkernte Frühpfirsiche dazu, lasse alles gut durchkochen, binde die Sauce und serviere mit Pfeffer überstreut. 181

Nach Jägerart. Mit Schweinebrust und Lebern und Lungen von Hasen. Brühe von Wein, Öl und Most mit Lauch, Pfeffer, Liebstöckel und Majoran verkocht. 182

Von Rosen. Mit Rosenblättern, von denen der untere weiße Teil entfernt wurde, aber mit einem größeren Zusatz von eingekochtem süßen Wein. 183

Tisane von Gerste. Tags zuvor eingeweichte Gerste wird zerquetscht und mit Wasser aufs Feuer gesetzt. Nachdem sie etwas gekocht hat, gib genügend Öl, ein wenig Dill, eine Zwiebel, Flöhkraut, Koriander, gemahlenes Salz, Saturei hinzu und lasse diese Ingredienzen mitkochen. Wenn es gut durchgekocht ist, nimm die Kräuter heraus und seihe den Saft in ein anderes Gefäß, damit er sich nicht festsetzt und anbrennt. Dann setze man noch Pfeffer, Liebstöckel, etwas Flöhkraut, Kümmel und Asant – alles fein mit Essig, gekochtem Most und Fischlake vermischt –

hinzu und lasse das Ganze auf langsamem Feuer fertig werden. 184

Pikanter Gemüsebrei. Weiche tags zuvor Kichererbsen, Linsen und Erbsen ein, zerquetsche sie und lasse sie mit frischem Gemüse kochen. Sobald alles gut durchgekocht ist, gib genügend Öl und Lauch, Koriander, Dill, Fenchel, Mangold, Malven, gebrühten Spargelkohl (Broccoli), Majoran, Asant, Liebstöckel – alles gut verrieben und mit Fischlake getränkt – über den Leguminosenbrei und garniere mit Broccolistücken. 185

Rezepte für Appetit-Reizungen

Drossel-Ragout. Zerschneide weiße Rüben, frischen Lauch, Sellerieknollen, brühe davon einige Kochlöffel voll. Dann koche Hühnerhälse und zerschnittene Drosseln wie üblich, gib dies Fleisch in eine Kasserolle, lege einige Malvenblätter darüber und schütte die zerkleinerten Gemüse dazu. Hierauf lasse man einige Kochlöffel klein geschnittene Damaskus-Pflaumen und zerschnittene Bratwürstchen mit Fischlake, Öl, Wein aufkochen. Wenn es gekocht hat, verreibe Pfeffer, Liebstöckel, Ingwer und ein wenig Bertram, gib es in die Kasserolle und lasse wieder aufkochen. Dann gib mehrere verklopfte Eier und was etwa noch vom Saft im Reibstein übrig geblieben ist, hinzu und lasse das Gericht dick werden. Folgende Sauce mache dazu: Verreibe Pfeffer und Liebstöckel mit Fischlake und Wein, gib etwas Mehl oder süßen Wein und Öl dazu, lasse durchkochen und binde die Sauce mit Schwitzmehl. Dann gib sie über das Ragout, streue auch Pfeffer darüber, stelle die Schüssel auf eine Servierplatte und trage sie so auf. 186

Geflügelragout mit Leber und Spitzbeinen. Koche Schweineleber und Spitzbeine und zerschnittene kleine Vögel mit Zwiebeln, Fischlake, Öl und Wein. Dann verreibe Pfeffer und Liebstöckel gut mit Lake, Wein und wegen des milden Geschmacks mit etwas eingekochtem Most, fülle von der erst gekochten Brühe darüber, gib diesen würzigen Brei wieder zu dem Fleisch, lass alles wieder aufkochen und binde es im rechten Moment mit Schwitzmehl. 187

Gefüllte Kürbisse. Man schneide vorsichtig aus den kleinen Kürbissen der Länge nach eine Spalte heraus, höhle sie durch die entstandene Öffnung aus und stelle die Kürbisse auf Eis ein wenig kühl. Nun mache man folgende Füllung: Verreibe zunächst Pfeffer, Liebstöckel, Majoran, Fischlake, gekochte Schweinehirne und verklopfe acht Eier innig zu einer einheitlichen Masse. Mit dieser fülle man die nicht ganz weich gekochten Kürbisse und setze die ausgeschnittene Scheibe wieder ein, sie dadurch schließend; dann koche man die Kürbisse gar und lasse sie erkalten. Pikante Weinsauce dazu: Verreibe Pfeffer, Liebstöckel mit Wein, Fischlake, eingedicktem Most und etwas Öl. Dies lasse man gut durchkochen, binde es mit Schwitzmehl und streue Pfeffer darüber. 188

Kompott von Pfirsichen. Entkerne und schäle frühreife Früchte und lege sie in eine Kasserolle. Dann verreibe Pfeffer, trockene Minze, Honig, eingekochten Most, Wein und Essig, und gieße dies über die Früchte, füge noch ein wenig Öl hinzu, lasse auf langsamem Feuer kochen. Sobald die Früchte gar sind, binde die Flüssigkeit mit Schwitzmehl und trage auf. 189

Fünftes Buch

Brei- und Suppenrezepte

Nach Julianischer Art. Lasse gereinigtes Speltmehl mit Wasser aufkochen und unter fleißigem Rühren dick werden. Nun verreibe 2 gekochte Schweine-Hirne mit ½ Pfund gehacktem Schweinefleisch und gebe diese Masse in einen Kessel. Dann verreibe Pfeffer, Liebstöckel und Fenchelsamen mit Lake und etwas Wein, schütte es auf die Gehirnfarce, lasse es gut durchkochen, gib noch etwas Brühe dazu und mische nun nach und nach den Mehlbrei mit der Kelle darunter. Der Brei muss ungefähr die Konsistenz von Saft haben. **190**

Mit Weinlake gekocht. Vermische gekochtes Gerstenmehl oder Speltmehl mit Weinlake, lasse es mit zerschnittenem Schweinefleisch durchkochen und schmecke es dann nochmals mit Weinlake ab. **191**

Mit Milch und Brot Gib in einen neuen Kessel ein Sextarium Milch und etwas Wasser und lasse auf langsamem Feuer aufkochen. Dann bröckele 3 trockene Brotscheiben hinein. Gieße, damit der Brei nicht anbrennt, etwas Wasser zu und setze ihn nochmals auf das Feuer, damit er durchkocht wie er sein soll. Nach Geschmack Salz und Öl zusetzen oder Honig und Most. 192

Linsensuppe mit Pilzen. Setze zunächst enthülste Linsen mit Salzwasser auf, dann verreibe im Reibstein Pfeffer, Kümmel, sowie Samen von Koriander, Minze, Raute, Flöhkraut, füge Essig, Honig, Fischlake und eingekochten Most dazu, verrühre gut und schütte die Sauce zu den Linsen. Nun brühe Pilze und Schwämme, säubere sie gut, zerkleinere sie, gib sie auch in den Kessel, und lasse die Suppe gut durch- und einkochen. Zum Schluss gib noch frisches Öl dazu. 193

Linsensuppe mit Kastanien. Zunächst lasse Linsen in Salzwasser kochen. Dann schäle und verreibe Maronen sehr gut und setze sie mit etwas Natron aufs Feuer. Während sie kochen, verreibe Pfeffer, Kümmel, sowie Samen von Koriander, Raute, Minze, Flöhkraut, Asant gut mit Essig, Honig und Fischlake, schütte diese Flüssigkeit zu den Kastanien, lasse sie weich kochen, nimm sie dann heraus, zerstampfe sie im Mörser, lasse den Brei mit den Linsen kochen und schmecke die Suppe gut ab. Fehlt etwas von Gewürzen, so gib es nachträglich hinein und füge, bevor die Terrine gefüllt wird, frisches Öl hinzu. 194

Linsensuppe mit Kräutern. Lasse Linsen in Salzwasser kochen, schäume ab und gib grüne Lauch- und Korianderstängel, Asant, sowie Samen von Koriander, Flöhkraut, Minze und Raute, alles zerrieben, nebst Essig, Honig und Fischlake dazu, schmecke mit eingekochtem Most ab, setze Öl zu und rühre gut um. Wenn nötig, binde die Suppe mit Mehl. Beim Auftragen streue Pfeffer darüber. 195

Erbsensuppe. Koche Erbsen mit Wasser, schäume ab und gib Lauch, Koriander und Kümmel daran. Dann verreibe Pfeffer, Liebstöckel, Kümmel, Dill, grüne Basilikumstängel mit Fischlake und Wein, gib es zu der Erbsenbrühe, rühre um und lasse die Suppe durchkochen. 196

Panaché von Erbsen. Setze Erbsen mit Wasser auf, gib etwas Öl, sowie ein Stück Schweinebauch, Lauch, grüne Korianderstängel und Salzlake dazu und lasse kochen. Dann schneide das Bauchfleisch in kleine Würfel und ebenso gekochte Krammetsvögel oder andere Kleinvögel oder Hühner, sowie beinahe gar gekochte Schweinehirne. Endlich brate Würstchen, koche Speck mit viel Lauch und Lake, und röste ein halbes Pfund Pinienkerne. Ferner reibe Pfeffer, Majoran, Ingwer und schütte dies in die Bauchfleischbrühe und lasse sie etwas damit einkochen. Nun nimm einen Henkeltopf, der sich bequem stürzen lässt, lege ihn mit Gekrösefett aus, benetze mit reichlich Öl, streue Pinienkerne darüber und breite darauf eine den ganzen Boden des

Gefäßes bedeckende Lage Erbsenbrei aus, darüber eine Lage Speck, Fleisch, Lauch und Würstchen, alles zerschnitten. Darauf kommen wieder Erbsen usw., bis der Topf oben mit einer Lage Erbsen zugedeckt wird. Dies lasse im Ofen oder auf langsamem Feuer durchschmoren. Wenn das Gericht gut ist, stürze es auf eine Schüssel aus und übergieße es mit sogenannter weißer Sauce, die nach folgendem Rezept hergestellt wird: Nimm von harten Eiern nur die Dotter, verreibe sie im Mörser mit weißem Pfeffer, Pinienkernen, Honig, Weißwein und etwas Lake und lasse dies durchkochen. 197

Indische oder schwarze Erbsensuppe. Koche Erbsen wie üblich, schäume sie ab, gib dann Lauch und Koriander dazu und lasse dann wieder kochen. Nun zerschneide Tintenfische lebend in Stücke und lasse sie mit ihrem schwarzen Saft, Öl, Fischlake, Wein und ein paar Stängeln Lauch und Koriander kochen. Inzwischen verreibe Pfeffer, Liebstöckel, Majoran und Kümmel, fülle von der Sepia-Brühe darüber und schmecke mit Wein und einigen Tropfen Most ab. Die gekochten Tintenfischstücke schneide ganz klein und gib sie mit etwas von ihrer Sauce zu den Erbsen, lasse aufkochen, streue Pfeffer darüber und trage auf. 198

Kaltes Erbsenpüree mit Vinaigrette. Koche die Erbsen wie gewöhnlich, lasse sie recht dick werden und erkalten. Inzwischen hacke Zwiebeln mit hart gekochtem Eiweiß fein, verrühre Öl, Salz und Essig damit, färbe die Sauce mit Rotwein und serviere sie zu dem Erbsenpüree. 199

Vitellius-Suppe. Koche Erbsen oder Puffbohnen wie gewöhnlich. Inzwischen verreibe im Mörser Pfeffer, Liebstöckel, Ingwer, hart gekochtes Eigelb, 3 Unzen Honig, Lake, Wein, Öl und Essig, würze mit dieser Mischung die gekochten Hülsenfrüchte, schmecke die Suppe ab, mildere sie, wenn zu strenge, mit Honig und trage sie auf. 200

Vitellius-Suppe auf andere Art. Die Hülsenfrüchte werden mit Lauch, Koriander und Malvenblüten gekocht. Die Würze besteht aus Pfeffer, Liebstöckel, Majoran, Fenchel, Lake, Öl und Wein. Beim Auftragen wird nochmals frisches Öl übergegossen. 201

Erbsen- oder Bohnensuppe mit Schweinefleisch. Die Hülsenfrüchte wie üblich kochen, mit einer Mischung aus Pfeffer, Lake, Honig, Most, Öl, Wein, Kümmel, Raute, Selleriesamen würzen und mit klein geschnittenem, gekochtem Schweinefleisch auftragen. 202

Wie vor, einfach. Die Hülsenfrüchte koche wie üblich. Würze sie mit persischem Asant, Salzlake und Most und setze etwas Öl hinzu. 203

Wie vor, auf reiche Art. Koche Erbsen wie üblich und gib Schweinehirne, oder die von den Knochen gelösten Brüstchen von Drosseln oder anderen kleinen Vögeln,

Knackwürstchen, Lebern und Hühnerkröpfe, sowie Lake, Öl und etwas Lauch ohne das Grüne, geriebenen Pfeffer und Liebstöckel dazu. Die Gehirne werden vorher mit Koriander gekocht. 204

Suppe von ungeschälten Bohnen. Koche die Bohnen wie üblich, verreibe Pfeffer, Liebstöckel, Kümmel, frische Korianderstängel mit Wein und Lake, lasse dieses mit den Bohnen kochen, gib Öl dazu und vollende die Suppe auf langsamem Feuer. 205

Dicke Erbsen nach Apicius. Mus von ungeschälten Erbsen mit Knackwürstchen, Schweinefleisch und Speck, alles zerschnitten, und den üblichen Gewürzen koche dick ein, übergieße es mit Öl und stich es häufig, damit das Öl einziehen kann. Auf langsamem Feuer vollende das Gericht und trage es recht heiß auf. 206

Einfaches Erbsenmus. Koche Erbsen wie gewöhnlich mit frischem Lauch und Koriander und schäume ab. Inzwischen verreibe Pfeffer, Liebstöckelkraut und einige Majoranstängel im eigenen Saft, gib Lake und Wein dazu, schütte diese Würze in den Kessel, gieße Öl dazu und vollende das Mus auf langsamem Feuer. 207

Erbsenmus nach Commodus Antonius. Wie vor. Zu den Würzkräutern kommt noch Dill und Zwiebeln und zum Schluss bindet man das ganze Gericht mit 4 ganzen Eiern. 208

Erbsenmus mit Huhn. Bereite ein Huhn wie üblich vor, zerschneide es und koche es in Wasser mit Lake, Öl und Wein, gib dazu zerschnittene Zwiebeln und Koriander und ein gut geputztes Schweinehirn. Ist alles gar, so entferne die Hühnerknochen. Treibe durch ein Sieb ungewürzte, weich gekochte Erbsen in einen anderen Kessel, gib das Hühnerfleisch dazu, würze mit zerriebenem Pfeffer und Kümmel, fülle etwas Hühnerbrühe und 2 verklopfte Eier darüber, bedecke das Gericht mit ganzen dick gekochten Erbsen und lasse es auf langsamem Feuer heiß werden. Wird mit Pinienkernen belegt. 209

Huhn mit Erbsenfüllung. Entferne von einem wie üblich vorbereitetem Huhn den Brustknochen, strecke die Keulen und binde sie an Stöcken fest. Nun bereite folgenden Teig: Vermenge Erbsenmus mit Hirn und Wurstfleisch, verreibe Pfeffer, Liebstöckel, Majoran und Ingwer mit Lake, eingekochtem Most und Wein, lasse diese Mischung aufkochen und würze mit nicht zu viel davon das vorher bereitete Erbsenmus. Mit dieser Masse fülle nun ein Huhn, wickle es in ein Schweinenetz, lege es auf ein Backblech und lasse es im Ofen langsam gar werden. 210

Grüne Puff-Bohnen koche in Wasser mit Lake, Öl, frischem Koriander, Kümmel und zerschnittenem Lauch. Oder röste sie und serviere sie mit Salzlake. Oder: Röste sie und serviere sie mit einer Sauce aus geriebenem Senf, Honig, Pinienkernen, Kümmel und Essig. 211

Schneidebohnen. Grüne Bajä-Bohnen schnitzle ganz fein und koche sie mit Raute, Sellerieblättern, Lauch, Essig, Öl, Salzlake, Most und etwas eingekochtem Wein. 212

Grüne Bohnen und *Schoten* werden roh mit Salz, Kümmel, Öl und etwas ungemischtem Wein genossen. 213

Oder: Röste sie und gib sie mit Weinlake und Pfeffer zu Tisch. 214

Oder: Brühe sie ab, entferne die Kerne und serviere sie mit harten Eiern und einer Sauce aus grünem Fenchel, Pfeffer, Salzlake und Mehl. 215

Du kannst sie, wenn du willst, auch noch ein facher, ganz ohne Gewürz, anrichten. 216

Hornklee wird als Salat mit Salzlake und Öl genossen.
217

Sechstes Buch

Strauß zu kochen. Bereite einen Sud aus Wasser mit Pfeffer, Minze, Kümmel, Selleriesamen, Dattelkernen oder Gewürznelken, gib etwas Kraft-(Schwitz-)Mehl dazu, lass die Fleischstücke darin gar kochen und serviere sie mit Pfeffer bestreut.

Willst du aber ein kräftiges Ragout kochen, so füge Speltgraupen hinzu. Auch mit Pfeffer, Liebstöckel, Thymian oder Bohnenkraut, Honig, Senf, Essig, Lake und Öl kann man Straußfleisch kochen. **218**

Kranich, Ente und Hühner. Wasche und putze den Vogel, lege ihn in einen Topf, gib Wasser sowie Salz und Dill dazu und lasse die Brühe halb auskochen, das Fleisch muss aber noch zart bleiben. Dann nimm den Vogel heraus, säubere ihn von anhaftendem Suppengrün und gib ihn mit Öl, Lake und einem Bündchen Majoran und Koriander in einen anderen Topf, lasse ihn kochen und füge, wenn er bald gar ist, etwas eingedickten Most zur Färbung hinzu. Nun verreibe Pfeffer, Liebstöckel, Kümmel, Koriander, Asant, Raute, alten Wein, Honig mit etwas Brühe und Essig, gib diese Würze zu dem Vogel in den Topf, lasse das Ganze heiß werden und binde die Sauce mit Schwitzmehl. Richte das Fleisch auf der Servierschüssel an und gieße die Sauce darüber.

Man kann auch dies Geflügel mit Pfeffer, Zwiebel, Liebstöckel, Kümmel, Selleriesamen, entsteinten Damaszener Pflaumen, Mostkuchen, Lake, eingekochtem Wein und Öl kochen. 219

Anmerkung des Originals. Wenn du einen Kranich kochst, so siehe zu, dass sein Kopf nicht in die Brühe taucht, sondern außen bleibt. Ist er weich und gar, so wickle den Kopf in ein Tuch und reiße ihn ab. Damit ziehen sich alle Sehnen etc. heraus, die man nicht zerkauen kann, und nur Fleisch und Knochen bleiben übrig. 220

Kranich oder Ente mit Rüben. Koche das wie üblich vorbereitete Geflügel nebst den Rüben in Salzwasser mit Dill. Ist es halb gar, so nimm die Rüben heraus, lasse sie abdampfen und wasche sie nochmals. Dann gib das Geflügel mit Öl, Lake nebst einem Bündchen Lauch und Koriander in einen anderen Topf, schütte die inzwischen klein geschnittenen Rüben darüber, lasse kochen und gib, wenn das Fleisch bald gar ist, zur Färbung etwas eingekochten Most hinzu. Nun verreibe im Mörser Pfeffer, Kümmel, Koriander, Asant mit Essig und Brühe, gib diese Würze auch in den Topf und lasse das

Ganze aufkochen. Binde aber die Sauce dann mit Kraft-(Schwitz-)Mehl, gib sie mit den Rüben über das auf einer Servierschüssel angerichtete Geflügel und streue Pfeffer darüber. 221

Andere Sauce für gekochten Kranich und Ente. Verreibe Pfeffer, Liebstöckel, Majoran, Kümmel, Koriander, getrocknete Minze, Pinienkerne, Gewürznelken mit Salzlake, Öl, Honig, Senf und Wein. Auch Selleriesamen und Raute können noch hinzugenommen werden. Die Sauce kann auch für gebratenen Kranich etc. dienen. 222

Sauce für gebratenen Kranich usw. Verreibe Pfeffer, Liebstöckel, Majoran, füge Lake, Honig, etwas Essig und Öl dazu, lass es gut durchkochen, gib Kraftmehl hinein und Scheiben von gekochten Kürbissen oder Wasserrosenwurzeln, und schließlich Schweinefüße und Hühnerlebern. Damit richte das Geflügel an und streue gekochten Pfeffer darüber. 223

Rebhühner, Haselhühner und Turteltauben tauche man mit ihren Federn in kochendes Wasser und rupfe sie dann. Man kann diese Vögel zerlegen und im eigenen Safte dämpfen. Bleiben sie hart, so muss man sie nochmals kochen und ein pikantes Ragout daraus machen. 224

Sauce für Rebhuhn, Haselhühner und Turteltauben kocht man aus zerriebenem Pfeffer, Liebstöckel, Selleriesamen, Minze, Myrtenbeeren oder Traubenrosinen, Honig, Wein, Essig, Salzlake und Öl. Diese Sauce wird kalt gegeben. 225

Andere Sauce für Rebhuhn etc. mache man aus Salzlake, ungemischtem Wein und Öl, verriebenem Pfeffer, Liebstöckel, Minze und Rautensamen. Diese Sauce wird warm gegeben. 226

Gemästete Holztauben und Feldtauben bratet man und serviert sie mit folgender Sauce: Verreibe Pfeffer, Liebstöckel, Koriander, Schwarzkümmel, Zwiebel, Minze, Eigelb und Gewürznelken mit Honig, Essig, Lake, Öl und Wein. 227

Sauce für dies Geflügel, gekocht, mache aus Pfeffer, Kümmel, Selleriesamen, Petersilie, Zwiebelpfeffer, Nelken, verrieben und gemischt mit Honig, Essig, Wein und Senf. Auch frischen Asant, Raute und Pinienkerne kann man noch dazu nehmen. 228

Drosseln, Pfau, Fasan und sonstige Vögel kocht und serviert man in Tunken aus folgenden Ingredienzen:

1. Pfeffer, Kümmel, Liebstöckel, Minze, entkernte Traubenrosinen oder Damaszener Pflaumen, etwas Honig, mit Myrtenwein anfeuchten, mit Essig, Lake, Öl warm machen und mit Sellerie und Bohnenkraut durchkochen. 229

2. Verreibe Pfeffer, Liebstöckel, Petersilie, trockene Minze, Dillblüten mit Wein, gib pontische oder andere geröstete Mandeln, etwas Honig, sowie Wein, Essig, Lake und Öl dazu, lasse heiß werden, rühre mit grünem Sellerie- und Feldpoleiblättern um und koche das zerschnittene Geflügel mit. 230

Weiße Sauce für gekochtes Geflügel mache man aus Pfeffer, Liebstöckel, Kümmel, Selleriesamen, gerösteten Mandeln oder Nüssen, im Reibstein verrieben und mit Honig, Salzlake, Essig und Öl gemischt. 231

Grüne Geflügel-Sauce mache man aus Pfeffer, Kümmel, Narde, Lorbeer, frischen Kräutern, Datteln, Honig, Essig, Wein, Lake und Öl. 232

Weiße Sauce für gekochte Gans besteht aus Pfeffer, Kümmel, Selleriesamen, Thymian, Zwiebel, Asant, gerösteten Nüssen, Honig, Essig, Salzlake, und Öl. 233

Stark riechende Vögel aller Art koche in einem Sud aus Wasser mit Pfeffer, Liebstöckel, Thymian, trockener Minze, Sellerie, Nelken, Honig, Essig, Wein, Salzlake, Öl, eingekochtem Most und Senf. Doch werden sie saftiger und wohlschmeckender, und bleiben fetter, wenn du sie mit Mehlteig in den du Öl hineingearbeitet hast, umhüllst und in den Ofen schiebst. Es empfiehlt sich auch, die Vögel mit zerschnittenen frischen Oliven zu füllen und diese vor dem Anrichten zu entfernen. 234

Flamingo und Papageien brühe, wasche und putze wie üblich, lege sie dann in einen Kessel, gib Wasser, Salz, Dill und etwas Essig dazu. Ist das Fleisch halb weich, so lege noch ein Bündchen Lauch und Koriander in den Kessel und kurz vor Beendigung der Kochung färbe die Brühe mit eingekochtem Most. Nun verreibe im Mörser Pfeffer Kümmel, Koriander, Asantwurzel, Minze, Raute, Nelken mit Essig und Brühe, schütte diese Würze zu dem Geflügel und binde die Sauce mit Kraft-(Schwitz-) Mehl. 235

Sauce für gebratene Flamingos und Papageien bereite aus Pfeffer, Liebstöckel, Selleriesamen, Sesam, Petersilie, Minze, Zwiebel, Nelken, Honig, Wein, Lake, Essig, Öl und eingekochtem Most. 236

Anmerkung des Originals. Alle Vögel werden zuerst mit Federn gebrüht, dann gerupft und dann erst durch die Gurgel ausgenommen. Sie werden – so am wenigsten weichlich und werden besser sein selbst als die, die man in Töpfen abhängen lässt. 237

Gekochte Gans, kalt, mit Apicius-Sauce. Koche eine Gans wie gewöhnlich und lasse sie auskühlen. Inzwischen bereite eine Sauce aus Pfeffer, Liebstöckel, Koriander, Minze, Raute und verreibe sie mit Lake und etwas Öl. Trockne die heiße Gans mit reinem Tuch ab und schütte die Sauce darüber. 238

Vinaigrette für gekochte Hühner. Verreibe im Mörser Dillsamen, trockene Minze, Cayennewurzel, Nelken und Senf mit Essig, Lake und Öl, mildere die Schärfe der Sauce mit eingekochtem Most und gib sie zu einem mit Dill gekochten Huhn. 239

Gebeiztes Huhn, gebraten. Koche ein Huhn wie gewöhnlich, trockne es sauber ab und mache häufige Einschnitte in sein Fleisch. Nun mische etwas Honig mit Salzlake und fülle diese Flüssigkeit in die Einschnitte. Sobald sich das Hühnerfleisch recht vollgesogen hat, brate es und serviere es mit seinem eigenen Safte übergossen, mit Pfeffer überstreut. 240

Huhn auf persische Art. Nimm ein wie üblich vorbereitetes Huhn vom After aus und lege es in eine Marinade, bestehend aus Salzlake und Wein mit Pfeffer, Liebstöckel, Kümmel und Asantkraut. Ist es gut durchzogen, so koche es unter Zugabe von etwas Weinlake und serviere es mit Pfeffer überstreut. 241

Pikante Sauce für Hühner bereite aus einem großen Becher Öl, einem kleinen Becher Salzlake, 6 Skrupel Pfeffer und einem Sträußchen Petersilie und Lauch. 242

Huhn auf numidische Art. Bereite das Huhn wie üblich vor, brühe, putze und wasche es, bestreue es mit Asant und Pfeffer und brate es. Nun verreibe Pfeffer, Kümmel, Koriandersamen, Asantwurzel, Raute, Nelken, Pinienkerne, und gib Essig, Honig, Salzlake und Öl dazu, lass dies aufkochen und binde es mit Mehl, übergieße mit der Sauce das Huhn, streue Pfeffer darüber und serviere. 243

Kräutersauce für kalte Hühner. Verreibe im Mörser Pfeffer, Kümmel, etwas Thymian, Fenchelsamen, Minze, Raute, Asantwurzel und Nelken, gib Essig, Honig, Lake und Öl dazu und trage mit dieser Sauce ein einfach abgekochtes, ausgekühltes und abgetrocknetes Huhn auf. 244

Gekochtes Huhn mit Kürbis- oder Wasserrosenwurzelscheiben bereite genau wie für Kranich und Ente angegeben, und nimm noch etwas Senf dazu. 245

Huhn mit Graupen oder mit eingesalzenen Oliven. Man koche das Huhn vorsichtig. Damit der Topf nicht springt, lasse man genügend Spielraum und lege das Huhn in ein Körbchen, damit man es während des Kochens häufig herausnehmen und wieder hineinsetzen kann. 246

Huhn nach Varianus. Koche das Huhn mit Lake, Öl, Wein, einem Bündchen Lauch, Koriander und Saturei. Ist es gar, so verreibe Pfeffer und Pinienkerne im Mörser, gib etwas Brühe und Milch dazu, entferne aus dem Kochtopf das Suppengrün, gib die Würze hinzu, lasse noch einmal aufkochen. Dann binde die Sauce mit geschlagenem Eiweiß und gib sie über das angerichtete Huhn. Diese Sauce nennt man die weiße. 247

Huhn nach Frontonianus. Koche ein Huhn halb weich, setze der Brühe dann Salzlake, Öl, ein paar Stängel Dill, Lauch, Saturei und frischen Koriander zu, lasse das Huhn gar kochen, nimm es heraus, übergieße es auf der Servierschüssel mit eingekochtem Most und streue Pfeffer darüber. 248

Huhn mit Milchsauce. Koche ein Huhn mit Salzlake, Öl, Wein, Koriander und Zwiebel. Ist es halb gar, so nimm es heraus. In einen neuen Kessel gib nun Milch, etwas Salz, Honig und ein wenig Wasser, setze es auf langsames Feuer, dass es allmählich warm wird und rühre fleißig um, dass es nicht gerinnt oder anbrennt. Nun gib das Huhn, ganz oder zerschnitten, wieder hinein nebst Pfeffer, Liebstöckel, Majoran, Honig, etwas eingekochtem Most und eigener Brühe. Lasse es gar kochen und binde die Sauce mit Schwitzmehl. 249

Gefülltes Huhn. Nimm ein Huhn recht sauber aus. Dann bereite eine Farce aus rohem Schweinefleisch, gekochten Speltgraupen, gekochtem Gehirn, ganzen Eiern und geriebenem Pfeffer, Liebstöckel und Ingwer, etwas Öl, ganzem Pfeffer, reichlich Pinienkernen, und fülle damit das Hühnchen, sodass ein Spielraum bleibt. Mit dieser Farce kann man auch Spanferkel und Kapaunen füllen. 250

Backhähndel. In reichlich siedendem Öl backe das vorher sauber ausgenommene und zerlegte Huhn, streue Pfeffer darüber und trage es auf. 251

Siebentes Buch

Schweinetaschen beize in Essig mit Asant und Lake und koche sie dann. 252

Oder: Nimm Pfeffer, Selleriesamen, trockene Minze, Asantwurzel, Honig, Essig und Lake dazu. 253

Auch nur mit Pfeffer, Lake und Asantwurzel kocht man sie oder kann auch statt der Asantwurzel ein wenig eingemachtes Gewürz nehmen. 254

Oder man schmort sie, nachdem sie in Kleie gewälzt sind, in Fischsauce. 255

Schnauze, Rippchen, Schwänze und Spitzbeine koche man mit Salzlake und Asantwurzel. 256

Schweineeuter säubere sorgfältig, besonders die Kanäle, bestreue es mit Salz und brate es im Ofen oder in der Bratpfanne. Dann verreibe Pfeffer, Liebstöckel, Lake, ungemischten Wein und eingedickten Most, gib dies in die Pfanne, legiere die Sauce mit Mehl und übergieße damit das Fleisch. 257

Oder du kochst das Euter mit geriebenem Pfeffer, Kümmel und einem eingesalzenen Seeigel. Man isst es dann mit Fischlake und Senf. 258

Schweineleber wird mit Feigenstiften besteckt, mit Pfeffer, Thymian, Liebstöckel, Lake, etwas Wein und Öl geschmort. 259

Oder du spickst die Schweineleber mit Feigen, stichst Löcher hinein, legst sie in Salzlake mit Pfeffer, Liebstöckel, Lorbeerbeeren, wickelst sie dann in ein Schweinenetz ein und bratest sie in der Pfanne. 260

Appetitbissen aus frischem Speck schneidet man so ein, dass sie mundrechte Häppchen bilden, aber noch zusammenhängen. Dann verreibe man Pfeffer, Liebstöckel, Dill, Kümmel, Asant, eine Lorbeerbeere mit Lake und lasse es aufkochen. Schütte nun die Speckstücke mit der kochenden Marinade in ein Gefäß und lasse sie 2 bis 3 Tage darin. Dann lasse man sie im Ofen gar werden und schneide sie auseinander. Mache dazu eine Sauce aus Pfeffer, Liebstöckel, verrieben mit Lake, etwas eingekochtem Wein, aufgekocht mit Marinade und mit Mehl gebunden. So macht man sie in Ostia. 261

Oder nach Apicius nimmst du die kurzen Rippchen, entfernst die Knochen, rollst sie zusammen, umbindest sie und stellst sie in den Ofen. Sobald sie fast gut sind, nimm sie heraus und lasse sie ausdampfen und stelle sie dann in einen Topf über langsames Feuer. Habe acht, dass sie nicht anbrennen. Nun verreibe

Pfeffer, Liebstöckel, Cypernkraut, Kümmel, gib Lake und eingekochten Most dazu, schütte dies über die Rippchen und lasse sie gar schmoren. Dann nimm sie heraus, trockne sie und serviere sie ohne Sauce, nur mit Salz bestreut. Sind sie zu fett, so entferne die Schwarte beim Umbinden. 262

Sehr schön werden die Rippchen auch, wenn man sie in einer Mischung von 1 Cyathus Lake, Wasser, Essig und Öl kocht und dann röstet, sodass sie beinahe wie gebraten erscheinen. 263

Auch kann man sie in Weinsauce schmoren und mit Pfeffer bestreut auftragen. 264

Oder man reibt sie mit Salz ein und kocht sie einfach mit Salz und Kümmel. 265

Anmerkung des Originals:

Man kann solche Appetitbissen übrigens aus jedem fetten Bauchfleisch machen, z. B.

vom Eber. Koche sie mit Öl, Salzlake und dem üblichen Gewürz halb gar und schiebe sie in den Ofen. Nun verreibe man Pfeffer mit Gewürz, Honig, Lake und Mehl, lasse dies aufkochen und gebe es zu dem Fleisch. Hat das Fleisch zum zweiten Male gekocht, so nimm es heraus, säubere und trockne es und gib es ohne Sauce, nur mit Salz bestreut, zu Tisch. 266

Gebratenes Schweinefleisch. Bestreue das rohe Fleisch reichlich mit Salz, brate es im Ofen und serviere es mit Honig. 267

Oder man reicht es mit nachstehender Sauce: 6 Skrupel Petersilie, 6 Skrupel Asant, 6 Skrupel Ingwer, 6 Skrupel Lorbeerbeeren, 6 Skrupel Majoran, 6 Skrupel Cypergras, etwas Kostwurz, 3 Skrupel Bertram, 6 Skrupel Selleriesamen, 12 Skrupel Pfeffer, dies alles fein im Mörser verrieben und mit genügend Lake und Öl gemischt. 268

Oder man macht eine andere Sauce aus entkernten, getrockneten Myrthenbeeren, die mit Kümmel, Pfeffer, Honig, Lake, eingekochtem Most und Öl verrieben und aufgekocht und sodann mit Mehl gebunden werden. Damit übergießt man das in Salzwasser abgekochte und dann gebratene Fleisch und streut Pfeffer beim Servieren darüber. 269

Eine andere Sauce besteht aus je 6 Skrupeln Pfeffer, Liebstöckel, Petersilie, Selleriesamen, Dill, Asantwurzel, Cypergras, Kümmel, Ingwer, etwas Bertram, ½ Maß Lake und 1 Acetabulum Öl. 270

Schweinekamm brühe ab und gib mit Pfeffer, Gewürz, Honig, Lake in einen Topf, worin du ihn garkochen lässt. Du kannst Schweinekamm auch ohne diese Zutaten nur mit Salz braten und reichst dann das Bratenfett als warme Sauce. 271

Sauce für gekochtes Fleisch aller Art. Pfeffer, Liebstöckel, Majoran, Raute, Silphium, Zwiebel werden mit Wein, Most, Honig, Essig und etwas Öl durchgearbeitet, durch ein Tuch getrieben, und mit diesem Saft übergießt man das gekochte Fleisch. 272

Oder du verreibst im Mörser Pfeffer, Petersilie, Zwiebeln, Nelken mit Lake und Essig, etwas Öl und gibst heiße Brühe dazu. 273

Oder du verreibst Pfeffer, trockene Raute, Fenchelsamen, Zwiebel, Nelke mit Lake und Öl. 274

Warme weiße Sauce für gekochtes Fleisch. Verreibe Pfeffer, Raute, Zwiebel, Pinienkerne, gib Lake, Wein, Gewürz und etwas Brot hinzu, damit sich die Masse verdickt, füge noch Öl und Brühe hinzu, lasse aufkochen und übergieße damit das Fleisch. 275

Kalte weiße Sauce mache man aus Pfeffer, Kümmel, Liebstöckel, Thymian, Majoran, Zwiebel, Dattelkernen, Honig, Essig, Lake und Öl. 276

Weiße Sauce für gedämpfte Schnitzel etc. Verreibe im Mörser Pfeffer, Kümmel, Liebstöckel, Rautensamen, Damaszener Pflaumen, gib Wein, Honig und Essig dazu und schlage die Sauce mit einem Strauß Thymian und Majoran. 277

Oder nimm Pfeffer, Thymian, Kümmel, Selleriesamen, Fenchel, Raute oder Minze, Myrthenbeeren, Traubenrosinen, verreibe dies alles im Mörser, gib Most dazu und rühre es fleißig mit einem Zweigchen Saturei um. 278

Oder verreibe Pfeffer, Liebstöckel, Kümmel, Minze, Kresse, Lorbeerblatt mit Eigelb, Honig, Most, Essig, Lake und Öl, rühre die Sauce mit Saturei und Lauch um und legiere sie auf dem Feuer. 279

Auch noch ändere Saucen lassen sich durch Zusatz von Pinienkernen oder Nüssen oder Safran oder gedörrten Mandeln oder Senf oder gekochtem Lauch etc. herstellen. 280

Rohe Dillsauce. Dillsamen, Pfeffer, getrocknete Minze, Asantwurzel, Nelken werden verrieben und mit Essig, eingekochtem Most, Honig, Lake, etwas Senf und Öl verarbeitet. Passt zu kaltem Schweinebraten. 281

Kalte grüne Sauce. Verreibe Pfeffer, Liebstöckel, Kümmel, Selleriesamen, Thymian, Zwiebel, Datteln, verarbeite dies mit durchgeseihter Fischlake, Honig, Wein und Öl, und gib zum Schluss reichlich klein gehackte grüne Sellerieblätter hinein. 282

Gefüllter Schweinemagen. Säubere den Magen ordentlich, reibe ihn mit Essig und Salz und wasche ihn wiederholt in frischem Wasser. Dann fülle ihn mit Farce, die du wie folgt bereitest. Mageres Schweinefleisch stoße und reibe im Reibstein, mische dann 3 entsehnte Gehirne darunter, sowie rohe ganze Eier, Pinienkerne, ganzen Pfeffer und Brühe. Nun stoße Pfeffer, Liebstöckel,

Silphium, Anis, Ingwer und etwas Raute, mische dies mit bester Lake und etwas Öl und arbeite dann nochmals damit die Farce gut durch. Damit er nicht auseinandergeht, wird der gefüllte Magen umbunden und muss viel Spielraum beim Kochen haben. Er wird nun in einen Topf mit kochendem Wasser gegeben und mit der Spicknadel gestochen, damit er nicht platzt. Ist er halb gar, so hänge ihn in den Rauch, damit er sich dunkel färbt, dann koche ihn von Neuem mit Lake, Most und etwas Öl, lasse ihn gar werden, schneide ihn in Scheiben auf und gib eine Sauce aus Fischlake mit Liebstöckel dazu. 283

Um gefüllten Schweinemagen zu schmoren, wälze ihn zuerst in Kleie und dämpfe ihn dann mit Fischsauce. 284

Schweinenieren zu braten. Schneide die Nieren auf, dass sie sich ausbreiten lassen und bestreue sie mit geriebenem Pfeffer, Pinienkernen und Fenchelsamen, sowie mit gehacktem frischen Koriander, dann rolle sie auf, nähe sie zusammen und hülle sie in ein Stück Schweinenetz. So mariniere in Öl und Fischlake und brate sie resp. schmore sie. 285

Gebratene Schweinekeule. Zunächst koche die Keule mit viel getrockneten Feigen und einigen Lorbeerblättern ab, dann entferne die Schwarte, schneide das Fett quadratisch ein und gib Honig darüber, bedecke es dann mit Mehl, das mit Öl gemischt wurde und nimm die

Keule erst aus dem Ofen, bis diese neue Mehlschwarte schön braun gebraten ist. 286

Gekochte Schweinekeule. Koche sie einfach mit gedörrten Feigen wie gewöhnlich und serviere sie mit Appetitbissen, eingekochtem Most oder Gewürz, oder besser mit einer Sauce aus Mostäpfeln. 287

Schweineschulter mit Äpfeln. Koche den Vorderschinken zunächst mit reichlich Honig und gedörrten Feigen, dann entbeine ihn und brate das Fleisch, mit Honig bestrichen, in der Bratpfanne. Noch besser ist es, wenn du das Fleisch mit Honig und Mehl bestrichen in den Ofen schiebst. Sobald es anfängt sich zu bräunen, koche eine Sauce aus Rosinen, Pfeffer, Raute und ungemischtem Wein, gib dann die Hälfte nach und nach über den Braten, mit der anderen Hälfte übergieße in Stücke geschnittene Mostkuchen, die mit aufgetragen werden und gib das, was nicht aufgesogen wird, auch noch zum Braten. 288

Fettes Pökelfleisch zu kochen. Setze das Pökelfleisch mit so viel Wasser auf, dass es bedeckt ist, gib viel Dill, sowie etwas Öl und Salz hinein und koche es gar. 289

Hammelleber. Zerschneide die Leber von Ziege oder Hammel und koche sie im Mostwasser, gib dann Milch hinzu, ziehe die Brühe mit Ei ab und gib beim Auftragen noch etwas Weinlake und Pfeffer darüber. 290

Lungenhaschée. Wasche die Lungen von Ziege oder Hammel in Milch so sauber wie möglich, koche sie und zerschneide sie ganz klein. Dann mische 2 ganze rohe Eier mit etwas Salz, Honig, geriebenem Pfeffer, Fischsauce, eingedicktem Most, altem Wein, gib dies unter die gehackte Lunge, lasse das Ganze wieder warm werden und übergieße es beim Auftragen mit Weinlake. 291

Familien-Süßigkeiten

Gefüllte Datteln. Nimm aus Datteln die Kerne, fülle die Früchte mit einem Nuss- oder Pinienkern, drehe sie in gestoßenem Salz um und röste sie in Honig. 292

Apfelmarmelade. Gute Mostäpfel reibe, übergieße sie mit Milch und stelle sie in den Ofen. Sobald sie anfangen etwas trocken zu werden, nimm sie heraus, übergieße sie mit warmem Honig, verarbeite diesen in die Masse und serviere die Speise mit Pfeffer überstreut. 293

Arme Ritter. Reibe von Semmeln die Kruste ab, zerpflücke sie in mundrechte Bissen, weiche sie in Milch ein, brate sie in Öl und serviere sie mit Honig übergossen. 294

Nussbrei. Lasse Honig, ungemischten Wein, eingekochten Most und Raute gut verkochen, gib dann Pinienkerne, Nüsse, gekochtes Mehl und klein gehackte geröstete Haselnüsse hinein und trage auf. 295

Gewürzter Brei. Verarbeite Pfeffer, Pinienkerne, Honig, Raute, eingekochten Most mit Milch, koche dies durch, gib einige Eier dazu, dass es ein dicker Brei wird, schütte guten Honig darüber und serviere. 296

Eiercreme. Verklopfe Milch mit Honig und Eiern so lange, bis eine einheitliche Masse entsteht. Diese setze auf langsames Feuer und serviere sie, sobald sie unter stetem Rühren dick genug geworden ist, mit Pfeffer überstreut. 297

Omelette, Verklopfe 4 Eier, ½ Unze Milch und 1 Unze Öl, lasse in einer Pfanne Öl heiß werden, schütte den Teig hinein, und sobald der Eierkuchen gar ist, lege ihn auf die Servierschüssel und gib Honig und Pfeffer darüber. 298

Süßer Käse. Wird bereitet aus saurer Dickmilch (Quark), Honig, Pfeffer, Salz, Öl und Koriander. 299

Zwiebeln zuzubereiten

Roh trägt man sie mit Öl, Salzlake und Essig auf und gibt ein wenig Kümmel dazu. 300

Oder man zerschneidet die Zwiebeln, kocht sie in Most ab und bratet sie dann in Öl. Eine Sauce macht man dazu aus Thymian, Flöhkraut, Pfeffer, Majoran, Honig, Essig und nach Wunsch auch etwas Lake. Über die gebratenen Zwiebeln streut man beim Servieren Pfeffer und gibt die Sauce extra. 301

Oder man kocht sie mit Thymian, Majoran, Nelken, Honig, Essig, Most, Fischlake und etwas Öl zu einem dicken Mus und trägt dies mit Pfeffer überstreut auf. 302

Oder man reicht die Zwiebeln gebraten mit Weinlake. 303

Varro erwähnt, dass gekochte Zwiebeln der Liebe förderlich seien und daher bei Hochzeitsmahlen nicht fehlen sollen, und zwar entweder mit Pinienkernen oder mit Pfeffer und dem Saft der Raute aufgetragen. 304

Morcheln und Champignons zuzubereiten

Morcheln koche ab, lasse sie abtropfen und tränke sie dann mit Fischsauce, in der Pfeffer verrieben wird. 305

Oder koche sie und serviere sie mit einer Salatsauce aus Most, Essig, Öl und Pfeffer. 306

Oder koche sie in Salzwasser und gib eine Sauce aus Öl, Wein und gehacktem Koriander dazu. 307

Champignons koche mit Most und einem Stängelchen grünem Koriander. Sind sie gar, so entferne den Koriander und trage sie in ihrer Brühe auf. 308

Oder mache eine Champignonomelette, indem du Eier mit Pfeffer, etwas Liebstöckel, Honig und Fischlake verklopfst, die zerschnittenen Champignonköpfe hineingibst und nun den Eierkuchen in Öl bratest. Die

Stiele der Champignons kochst du und servierst sie mit Fischsauce oder mit Salz bestreut. 309

Trüffel zubereiten

Schabe die Trüffeln sauber ab, brühe sie, reibe sie mit Salz ein, stecke mehrere an je ein spitzes Stöckchen, brate sie an und koche sie dann in Öl, Lake, Most, Wein, Honig und Pfeffer. Sind die Trüffel gar, so nimm sie heraus, binde die Brühe mit Mehl und reiche sie als Sauce extra. 310

Oder verfahre wie eben geschildert, zerkleinere jedoch die gar gekochten Trüffel und tränke sie mit der gebundenen Sauce. 311

Oder schmore die Trüffel, in ein Schweinenetz gehüllt, in Weinlake mit Pfeffer, Liebstöckel, Koriander, Raute, Fischsauce, Honig, Wein und etwas Öl. 312

Oder dünste sie in Wein mit Öl, Honig, Pfeffer, Minze und Raute. 313

Oder koche sie zunächst mit Lauch und dämpfe sie dann in Wein mit Salz, Pfeffer und Koriander. 314

Oder koche sie in Wein, Essig, etwas Öl mit Fischsauce oder Salz, Pfeffer, Kümmel, Sesel, Minze, Sellerie, Raute und Honig. 315

Wasserrosenwurzeln koche mit Pfeffer, Kümmel, Raute, Honig, Fischsauce und etwas Öl. Binde die Brühe mit Mehl zur Sauce. 316

Titelkupfer »Bibliothèque d'un Gourmand«
aus Grimod de la Reynière's Almanach des
Gourmands, Paris 1804

Schnecken zuzubereiten. Säubere zunächst das Häuschen der lebenden Schnecken und entferne das schließende Membranplättchen, dass sie herauskönnen. Dann füttere sie einen Tag lang mit gesalzener Milch und später mit reiner Milch, entferne aber häufig und sorgfältig den Koth. Wenn sie so dick gemästet sind, dass sie sich nicht mehr in ihr Haus zurückziehen können, dann brate sie in Öl und trage sie mit Weinlake auf. Man kann sie auch mit Mehlbrei mästen. 317

Oder reibe die aus dem Häuschen genommenen Schnecken mit Salz ein und brate sie in Öl. Als Sauce gib dazu Fischlake mit Asant, Pfeffer, Öl und Kümmel verrieben. 318

Oder mäste die Schnecken in Milch mit Weizenmehl und koche sie dann in Salzwasser. 319

Gebratene Eier serviere mit Weinlake. 320

Hart gekochte Eier serviere mit einer Sauce aus ungemischtem Wein, Fischlake, Öl, oder aus Fischlake, Pfeffer und Asant. 321

Weiche Eier serviere mit einer Sauce aus Essig, Honig, Fischlake, verrieben mit Pfeffer, Liebstöckel und geweichten Pinienkernen. 322

Achtes Buch

Vom Wildschwein

Braten. Das sauber geputzte Fleisch reibe mit Salz und gestoßenem Kümmel ein und lege es in ein irdenes Gefäß. Anderen Tages bringe es in den Ofen und bestreue es, wenn es gebraten ist, mit gestoßenem Pfeffer. Dazu reiche eine Sauce aus Fischlake, Hönig und Most. 324

Kochen. Koche das Fleisch in Seewasser mit Lorbeerblättern, schneide, sobald es gar ist, die Schwarte ab und serviere dazu eine Sauce aus Essig mit Salz und Senf. 325

Saucen für Wild-Schweinefleisch. Verreibe Pfeffer, Liebstöckel, Majoran, entkernte Myrthenbeeren, Koriander und Zwiebeln, gib Honig, Wein, Fischlake und etwas Öl hinzu, lasse durchkochen, binde mit Mehl. Hiermit übergieße das gekochte Fleisch. Diese Sauce eignet sich auch für alles andere Wildbret. 326

Oder verreibe Pfeffer, Kümmel, Selleriesamen, Minze, Thymian, Saturei, Safran, geröstete Nüsse und

Mandeln, gib Honig, Wein, Fischlake, Essig und etwas Öl dazu und lasse verkochen. Passt für gebratenes Wildschweinfleisch. 327

Oder lasse die vorige Sauce kochen und rühre sie mit grünem Lauch und frischer Raute um. Willst du sie dick machen, so ziehe sie mit Ei ab. 328

Oder verreibe Pfeffer, Liebstöckel, Kümmel, Silphium, Majoran, Pinienkerne, Nelken mit Honig, Senf, Essig, Fischsauce und Öl (kalt). 329

Oder verreibe Pfeffer, Kümmel, Liebstöckel, Koriandersamen, Dillsamen, Selleriesamen, Thymian, Majoran, etwas Silphium, viel Raukesamen, gib ungemischten Wein dazu, sowie etwas Grünzeug, Zwiebel, gestoßene Mandeln, Datteln, Honig, Essig, Fischsauce und Öl und färbe diese kalt zu reichende Sauce mit eingekochtem Most. 330

Oder verreibe Pfeffer, Liebstöckel, Majoran, Selleriesamen, Asantwurzel, Kümmel, Fenchel, Raute, gib Wein, Fischsauce und eingekochten Most dazu, lasse aufkochen, binde die Sauce mit Mehl und trage das Wildschweinfleisch darin auf. 331

Gefüllte Wildschweinsschulter. Öffne das Gelenk durch ein durchgebohrtes Holz, lockere die Haut vom Fleisch, sodass man mittels eines Trichters Würze hineingeben und alles damit anfüllen kann. – Dazu verreibe Pfeffer, Lorbeerbeere, Raute, beste Fischsauce, Most, einige Tropfen frischen Öles und, wenn du willst, etwas Asantwurzel. – Dann hülle die gefüllte Schulter in Leinwand, lege sie in den Kessel und koche sie in Seewasser mit Lorbeer und Dill. 332

Vom Hirsch

Sauce für gekochtes Hirschfleisch. Verreibe Pfeffer, Liebstöckel, Kümmel, Majoran, Selleriesamen, Asantwurzel und Fenchel, gib Fischlake, Wein, Most und etwas Öl dazu, lasse aufkochen und binde die Flüssigkeit mit Mehl. Trage das gekochte Hirschfleisch dazu auf.

Diese Sauce eignet sich auch für alle Arten ähnlichen Wildes. 333

Oder verreibe Pfeffer, Liebstöckel, Kümmel, Selleriesamen, gib Honig, Essig, Fischsauce und Öl dazu, lasse durchkochen, binde die Sauce mit Mehl und übergieße damit das Hirschfleisch, das du zuerst gekocht und dann gebraten hast. 334

Oder bereite eine kalte Sauce aus zerstoßenem Pfeffer, Liebstöckel, Schalotte, Majoran, Pinienkernen, Gewürznelken, Honig, Fischlake, Senf, Essig und Öl. 335

Oder verreibe Pfeffer, Kümmel, Gewürz, Petersilie, Zwiebel, Raute, Minze, gib Honig, Fischlake, Most und etwas Öl dazu, lasse durchkochen und binde die Sauce mit Mehl. 336

Oder verreibe Pfeffer, Liebstöckel, Petersilie, Kümmel, geröstete Pinienkerne oder Mandeln, gib Honig, Essig, Wein, etwas Öl und Fischlake hinzu, lasse gut durchkochen und rühre fleißig um. 337

Oder verarbeite Pfeffer, Narde, Lorbeer, Selleriesamen, trockene Zwiebel, grüne Raute mit Honig, Essig, Fischsauce, Nelken, Rosinen und Öl zu einer kalten Sauce, die zu gebratenem Hirschfleisch besonders gut passt. 338

Oder verreibe Pfeffer, Liebstöckel, Petersilie und zerkleinerte Damascener Pflaumen, gib Wein, Honig, Essig, Fischsauce, Öl hinein, lasse durchkochen und rühre mit Lauch und Saturei um. 339

Vom Reh resp. wilden Ziegen

Sauce. Verreibe Pfeffer, Liebstöckel, Kümmel, Petersilie, Raute mit Honig, Senf, Essig, Fischlake und Öl zu einer kalten Sauce. 340

Oder verreibe Pfeffer, Gewürz, Raute, Zwiebel, gib Honig, Fischlake, eingekochten Most, etwas Öl dazu, lasse aufkochen und legiere mit Mehl. 341

Wildschaf

Sauce. Verreibe Pfeffer, Liebstöckel, Kümmel, Minze, Thymian, Silphium, zerkleinerte Damascener Pflaumen, gib Wein, Honig, Fischlake, Essig und Öl dazu, rühre fleißig mit einem Bündchen Majoran und Minze um und färbe die Sauce mit eingekochtem Most. 342

Oder verreibe 8 Skrupel Pfeffer, je 6 Skrupel Raute. Liebstöckel, Selleriesamen, Wachholder, Thymian und trockne Minze, sowie 5 Skrupel Flöhkraut zu trocknem Pulver, mische dies mit Honig und gib beim Gebrauch saure Sauce dazu.

Eignet sich für alles gebratene und gekochte Wild. 343

Oder verreibe Pfeffer, Liebstöckel, Thymian, Kümmel, geröstete Pinienkerne mit Honig, Essig, Fischsauce und Öl. 344

Rind und Kalb

Für gebratenes Fleisch koche eine Sauce aus Pfeffer, Liebstöckel, Selleriesamen, Kümmel, Majoran, Zwiebel, Rosinen, Honig, Essig, Wein, Fischlake und eingekochtem Most. 345

Für gekochtes Kalbfleisch bereite eine Sauce aus Pfeffer, Liebstöckel, Kümmel, Selleriesamen, Honig, Essig, Fischlake und Öl, lasse aufkochen, binde mit Mehl und übergieße das Fleisch damit. 346

Oder mache die Sauce aus Pfeffer, Liebstöckel, Fenchel, Majoran, Pinienkernen, Nelken, Honig, Essig, Fischlake, Senf und Öl. 347

Ziege und Lamm

Koche das Fleisch mit Pfeffer, Salzlake und grünen jungen Bohnen, gib Pfeffer, Asant, Kümmel, Brot-Stückchen und etwas Öl dazu. 348

Gulasch. Schneide das Fleisch ziemlich klein und koche es mit Zwiebeln, Koriander, Pfeffer, Liebstöckel, Kümmel, Fischlake, Öl und Wein. Dann nimm es aus der Brühe, binde diese mit Mehl und lasse das Fleisch darin noch einmal aufkochen.

Hierzu ist zu bemerken, dass das Fleisch auch zu Püree gemacht werden kann, und zwar verarbeitet man das Lamm roh, das Zicklein aber gekocht Dann mische man das Püree mit der eingedickten Sauce. 349

Gebratene Schnitzel. Koche das Fleisch mit Fischlake und Öl, schneide es in Scheiben, wälze diese in gestoßenem Pfeffer, Asant, Fischsauce und Öl, und brate sie dann.

Zur Sauce dient der Pfannenrückstand; beim Auftragen streue Pfeffer über das Gericht. 350

Oder nimm ½ Unze Pfeffer, 6 Skrupel Ingwer, ebenso viel Petersilie, etwas Asant, ½ Unze beste Lake und 1 Acetabulum Öl, und mache daraus eine Sauce. 351

Zicklein oder Lamm, ganz zu kochen. Entbeine das Tierchen sehr sorgsam, und zwar durch den Schlund, sodass ein Schlauch entsteht und die Eingeweide entleert werden können, ohne dass sie zerreißen. Man bläst in den Mund hinein, sodass der Kot aus den Därmen hinten abgeht. Dann wäscht man das Tierchen sauber und füllt es mit gemischter Fischsauce, lässt es recht durchziehen, kocht es gar und nimmt es heraus. In die kochende Brühe gib Milch, geriebenen Pfeffer, Fischlake,

Most und Öl, und ziehe sie mit Mehl ab. Man gibt auch die Tiere in ein Netz oder in ein einfaches Körbchen, oder umbindet sie fest und kocht sie in siedendem Wasser mit wenig Salz. Sie müssen dreimal aufkochen, werden dann herausgenommen, um nun nochmals mit der oben beschriebenen Brühe aufgekocht zu werden. 352

Andere Sauce. Nimm 1 Sextarium Milch, 4 Unzen Honig, 1 Unze Pfeffer, etwas Salz und Laserwurzel, 8 geriebene Datteln, 1 Acetabulum Öl, 1 dito Fischlake, 1 dito Honig, 1 dito guten Wein koche mit Fleischbrühe durch und binde die Sauce mit Mehl. 353

Hackbraten vom Lamm. Verreibe das Fleisch roh mit Öl und Pfeffer, streue Salz und reichlich Koriandersamen darauf und brate es im Ofen. 354

Tarpejanischer Braten. Bereite das Böckchen oder Lamm vor wie, üblich, mariniere es in Fischlake mit Pfeffer, Raute, Saturei und Zwiebeln, sowie etwas Thymian. Dann fülle das Tierchen mit Farce, nähe es zu und schiebe es in einer mit Öl versehenen Bratpfanne in den Ofen. Ist der Braten gar, so gib ihn auf die Servierschüssel, streue Pfeffer darüber und trage ihn auf mit einer Sauce, die du aus Saturei, Zwiebeln, Raute, Datteln, mit Fischlake, Wein, Most und Öl verrieben, herstellst. 355

Junge gemästete Böckchen (Lämmer) brate im Ofen. Währenddessen bereite eine Sauce aus Pfeffer, Raute, Zwiebeln, Saturei, entkernten Damaszener Pflaumen, etwas grünem Asant, Fischlake und Wein. Diese wird gut durchgekocht, durchgeseiht und kochend über das Fleisch gegeben. Essig wird noch extra dazu gereicht. 356

Lamm (Böckchen) mit farcierten Därmen. Bereite das Tierchen wie üblich vor, entbeine es, nimm alle Eingeweide heraus und säubere sie sorgfältig. Nun verreibe im Mörser Pfeffer, Liebstöckel, Asantwurzel, 2 Lorbeerbeeren, etwas Bertram, 2 bis 3 Schweinehirne, gib Fischlake hinzu, schmecke mit Salz ab und füge noch 2 Sextarien Milch und 2 Löffel Honig hinzu. Hieraus mache eine Farce, fülle mit dieser die Därme, wickle sie um das Fleisch, hülle das Ganze in ein Schweinenetz, umbinde es und koche es im Kessel mit Fischsauce, Öl und Wein. Ist es halb gar, so verreibe Pfeffer und Liebstöckel mit etwas eingekochtem Most und Fleischbrühe, gieße diese Würze zu dem Fleisch, lasse es weich kochen, nimm es heraus und binde die Sauce mit Mehl. 357

Einfaches Lamm-(Bock-)Gulasch. Ziehe dem Tierchen die Haut ab, nimm es aus, schneide es in kleine Stücke, wasche diese und setze sie mit Öl, Fischsauce, Wein, Lauch und Koriander, das Grünzeug klein geschnitten, auf. Sobald es anfängt zu kochen, gib Zwiebelsaft daran und trage auf. 358

Vom Ferkel

Doppelt gefülltes Schwein. Bereite das Ferkelchen wie üblich vor, nimm es aus, putze die Schwarte sauber und fülle die Blase mit Tarentinischer Farce. Dann bereite eine andere Farce aus Pfeffer, Liebstöckel, Majoran, Asantwurzel, diese Gewürze mit Fischsauce zerstampft, dazu gib gekochte Gehirne, rohe Eier, gekochte Speltgraupen, und lasse den Teig mit Fleischbrühe kochen, füge, wenn er gar ist, noch kleine Vögel, Nüsse, ganzen Pfeffer und Fischlake hinzu, fülle damit das Ferkel, wickle es in Papier und umbinde es fest. Dann brate das Schweinchen im Ofen, entferne das Papier und trage es auf. 359

Gekochtes Ferkel. Das sauber gemachte Tierchen wird in Salzwasser mit Kümmel und Asant abgekocht. 360

Gefülltes Ferkel gekocht. Nimm das Ferkel sauber aus, ohne das Gekröse zu entfernen, fülle es mit einer Farce aus Pfeffer, Liebstöckel, Majoran, Gehirn, Ei, dies alles verrieben, mit Fischsauce vermengt, umbinde es und gib es in einem Körbchen in den Kessel mit siedendem Wasser, löse, wenn es gar ist, die Fäden, dass der Saft herauslaufen kann, und trage es auf, mit Pfeffer bestreut. 361

Nach anderer Art wird die Farce vorher gekocht und das Ferkel beim Auftragen nicht mit Pfeffer bestreut. 362

Ferkel mit Semmelfarce. Fülle das Tierchen mit einer Farce aus Pfeffer, Honig, Wein und Weißbrot, dies alles unter Umrühren mit einem Lorbeerzweig zu einem Teig verkocht. Umbinde es dann mit Papier und brate es im Ofen. 363

Gekochtes Spanferkel mit Apicius-Sauce. Koche das wie üblich vorbereitete Ferkelchen in Wasser mit Salzlake und trage es auf mit folgender Sauce: Verreibe Pfeffer, Liebstöckel, Koriandersamen, Minze, Raute, gib Fischlake, Honig und Wein dazu und reiche diese Sauce ungekocht zu dem Ferkelchen. 364

Gebratenes Ferkel nach Vitellius. Behandle das Ferkelchen wie beim Wildschwein beschrieben. Bestreue es mit Salz und brate es im Ofen, nachdem die Haut mit Einschnitten versehen ist. Nun verreibe Pfeffer, Liebstöckel mit Fischsauce, Wein, Most und Öl und fülle damit den Braten, dass er auch unter der Schwarte saftig wird. 365

Gebratenes Ferkel nach Flaccus. Verfahre zunächst wie im vorigen Rezept. Zur Sauce nimm Pfeffer, Liebstöckel, Kümmel, Selleriesamen, Asantwurzel und grüne Raute. Verreibe diese Ingredienzen, gib Fischlake, Wein und Most dazu, lasse die Flüssigkeit mit etwas Öl aufkochen und binde sie mit Schwitzmehl. Dann entbeine das gebratene Ferkel, bestreue es mit gestoßenem Selleriesamen und reiche die Sauce dazu extra. 366

Gebratenes Ferkel mit Lorbeer. Säubere das Ferkel, nimm es aus, entbeine es, lege genügend frische Lorbeerzweige hinein und brate es im Ofen. Nun verreibe Pfeffer, Liebstöckel, Kümmel, Selleriesamen, Asantwurzel und Lorbeerbeeren, gib Fischlake, Wein und Most dazu, lasse dies mit etwas Öl aufkochen, nimm den Saft aus der Bratpfanne dazu, binde die Sauce und reiche sie apart zu dem Ferkel, dass du ohne die Lorbeerzweige auftragen lässt. 367

Gekochtes Ferkel nach Frontinianus. Entbeine ein wie üblich vorbereitetes Schweinchen, putze es sauber und setze es mit Fischlake, Wein, Lauch und Dill auf. Ist es halb gekocht, so gib noch eingedickten Most dazu. Sobald es gar ist, nimm es aus der Brühe, trockne es ab und serviere es mit Pfeffer bestreut. 368

Gekochtes Ferkel mit Weinsauce. Verfahre zunächst wie im vorigen Rezept, lasse jedoch beim Kochen den Dill fort und nimm dafür Koriander und Öl. Lasse dann noch eine Würze aus Pfeffer, Liebstöckel, Kümmel, Majoran, Selleriesamen, Asantwurzel mit Fischsauce, Wein, eingekochtem Most und Fleischbrühe vermischt, mitkochen, fertige eine gebundene Sauce und reiche diese zu dem mit Pfeffer bestreuten Ferkelfleisch. 369

Ferkel nach Celsinus. Fülle das wie üblich vorbereitete Ferkel mit Pfeffer, Raute, Zwiebel, Saturei und Eiern, koche es dann mit Pfeffer, Fischsauce und etwas Wein. 370

Gebratenes Ferkel mit pikanter Sauce. Verreibe Pfeffer, Raute, Saturei, Zwiebel, hartgekochte Eidotter mit Fischlake, Wein, Öl und Gewürz, lasse diese Mischung aufkochen und trage sie zu dem wie gewöhnlich gebratenen Schweinchen auf. 371

Reich gefülltes Ferkel. Nimm ein Ferkel aus, entbeine und säubere es, dann fülle es mit zerschnittenem Huhn, Krammetsvögeln, Feigen-Drosseln, dem eigenen klein geschnittenen Geschlinge, Knackwürsten, entkernten Datteln, Traubenrosinen, Schnecken, Malven, roten Rüben, Lauch, Sellerie, gekochten Stängelkohl (Broccoli), Koriander, ganzem Pfeffer und Pinienkernen, dies alles mit 15 Eiern und gepfefferter Fischlake verarbeitet. Dann nähe das Ferkel zu und brate es im Ofen. Beim Auftragen schneide man den Rücken auf und übergieße es mit folgender Sauce: Pfeffer und Raute werden im Mörser gestoßen, mit Fischlake, Most, Honig und etwas Öl aufgekocht und mit Mehl gebunden 372

Kalte Sauce zu gekochtem Ferkel. Verreibe im Mörser Pfeffer, Kümmel, Dill, etwas Majoran und Pinienkerne, mische dazu Fischlake, eingekochten Most, Honig, Senf und Öl und bestreue das Fleisch beim Auftragen mit Pfeffer. 373

Geräuchertes Ferkel. Bereite das Schweinchen vor wie bei dem Rezept »Mit Weinsauce« beschrieben und hänge es in den Rauch. Je länger du es aber räuchern willst (damit es sich länger hält), umso mehr musst du es vorher mit Salz einreiben. Zum Verspeisen wird es einfach in Wasser gekocht und trocken mit neuem Salz aufgetragen. 374

Sauce für Spanferkel. Verreibe eine Unze Pfeffer mit einem großen Acetabulum Öl, ½ Acetabulum Wein und etwas weniger Fischsauce. 375

Vom Hasen

Geschmorter Hase in Sauce. Dämpfe den wie üblich vorbereiteten Hasen in wenig Wasser, gib ihn dann mit Öl in eine kleine Pfanne und lasse ihn im Ofen schmoren. Wenn er bald gar ist, begieße ihn ab und zu mit folgender Würzsauce: Verreibe Pfeffer, Sellerie, Zwiebel, Raute, Selleriesamen mit Fischlake, Asant, Wein und Öl und vollende dann den Hasen. 376

Andere Art. Verreibe Pfeffer, Datteln, Asant, Traubenrosinen mit Most, Fischlake und Öl, gib diese Mischung in die Bratpfanne, wenn der Hase schon beinahe herausgenommen werden muss, lasse ihn nochmals in der Sauce aufkochen, streue Pfeffer über ihn und trage ihn mit der Sauce auf. 377

Gefüllter Hase. Mache eine Farce aus ganzen Nüssen, Mandeln, geschnittenen Eicheln, ganzen Pfefferkörnern, Lunge und Leber des Hasen, und Eiern, fülle damit den Hasen, hülle ihn in ein Schweinenetz und gib ihn in den Ofen. Nun verreibe Raute, reichlich Pfeffer, Zwiebel, Saturei, Datteln mit Fischlake, Most oder gewürztem Wein, lasse dies kochen, bis es anfängt dick zu werden, schütte es dann zum Hasen und trage ihn in der Sauce auf. 378

Weiße Sauce für Hasenbraten. Verreibe Pfeffer, Liebstöckel, Kümmel, Selleriesamen, hart gekochte Eidotter zu einem Teig und forme einen Kloß daraus. Koche nun Fischsauce, Wein, Öl, etwas Essig und zerschnittene Zwiebel durch, gib dann den Kloß hinein, rühre mit Stängeln von Majoran oder Saturei um, bis sich der Kloß auflöst und eine dicke Sauce bildet; wenn nötig binde mit Mehl. 379

Haschée aus Hasenleber und -Lunge. Koche das Geschlinge in Salzlake, Öl, Lauch und Koriander und zerschneide es in kleine Stücke. Inzwischen verreibe Pfeffer, Kümmel, Koriander, Asantwurzel, Minze, Raute, Flöhkraut mit Essig, Hasenblut, Honig und Brühe, koche hiermit das Haschée nochmals auf und binde es dann mit Mehl. 380

Gekochter Hase. Bereite den Hasen wie üblich vor, entbeine ihn und lege ihn in den Kochtopf. Gib nun dazu Öl, Fischlake, eingekochten Most, Lauch, Koriander, Dill und lasse es kochen. Inzwischen verreibe Pfeffer,

Liebstöckel, Kümmel, Koriandersamen, Asantwurzel, Zwiebel, Minze, Raute, Selleriesamen mit Fischlake, Honig, Brühe, Most und Essig, lasse dies aufkochen, binde es mit Mehl und gib es als Sauce über den angerichteten Hasen. 381

Geräucherter Hase nach Passenianus. Behandle den Hasen wie üblich, entbeine ihn und hänge ihn ausgebratet in den Rauch. Wenn er dunkel genug geworden ist, koche ihn halb gar, trockne ihn ab und bestreue ihn mit Salz. Inzwischen verreibe im Mörser Pfeffer, Liebstöckel mit Lake, Wein und etwas Öl, lasse dies aufkochen, lasse den Hasen darin gar werden, richte ihn hübsch an, binde die Brühe mit Mehl und gieße diese Sauce dem Hasen über den Rücken. 382

Hasen-Ragout. Bereite eine Sauce wie im vorigen Rezept und gib noch aufgeweichte Pinienkerne hinein. Dann wickle die Hasenfleischstücke in ein Schweinenetz oder in Papier, umbinde sie und lasse sie in der Sauce gar kochen. 383

Reich gefüllter Hase. Bereite den Hasen wie üblich vor, entbeine ihn und breite ihn flach aus. Nun verreibe im Mörser Pfeffer, Liebstöckel, Majoran mit Fischsauce, gib dazu gekochte Hühnerleber, gekochtes Schweinehirn, das zerschnittene Geschlinge des Hasen, 3 rohe Eier und Fischsauce, fülle damit den Hasen, wickle ihn in ein Schweinenetz oder in Papier, umbinde ihn und brate ihn über langsamem Feuer. Inzwischen verreibe wieder Pfeffer, Liebstöckel und Fischlake, gib Wein dazu, lass es aufkochen und binde es mit Mehl. Mit dieser Sauce übergieße beim Auftragen den gefüllten Hasen. 384

Gekochter Hase auf einfache Art. Koche ihn mit Öl, Fischlake, Essig, Most, zerschnittenen Zwiebeln, grüner Raute, zerschnittenem Thymian gar und trage ihn in der Brühe auf. 385

Gewürzige Sauce für Hasen. Verreibe Pfeffer, Raute, Zwiebel, Hasenleber mit Fischlake, Most, Wein und etwas Öl, lasse aufkochen und binde dann die Sauce. 386

Gebeizter Hase, geschmort. Bereite den Hasen wie üblich vor, lege ihn in Fischlake mit Pfeffer, Raute, Saturei, Zwiebel und Thymian, nähe ihn dann zu seiner ursprünglichen Form zusammen und lasse ihn im Ofen schmoren. Und zwar übergieße ihn häufig mit einer Sauce aus Pfeffer, Raute, Zwiebel, Saturei, Datteln, Rosinen, mit Wein, Öl, Fischlake und Most aufgekocht, sodass der Hase während des Schmorens alle Flüssigkeit in sich aufnimmt. Er wird nun mit trockenem Salz auf einer Platte aufgetragen. 387

Andere feine Hasensauce. Lasse Wasser mit Wein, Fischlake, etwas Senf, Dill, ganzem Lauch aufkochen, gib dann hinzu Pfeffer, Saturei, Zwiebeln, Datteln, Damaszener Pflaumen, Wein, Fischlake, etwas Öl, binde die

Flüssigkeit mit Mehl, lasse sie noch etwas durchkochen und gieße sie beim Auftragen über den Hasen. 388

Haselmäuse oder Siebenschläfer. Man enthäutet, säubert und entbeint die Tierchen, füllt sie mit einer Farce aus Schweinefleisch, verrieben mit Pfeffer, Pinienkernen, Asant und Fischsauce, näht sie zu und bratet sie im Ofen auf einem flachen Ziegel oder schmort sie in einer Kasserolle. 389

Neuntes Buch

Von Meerkrebsen

Kalte Sauce für Langusten und Taschenkrebse. Zerschnittene Zwiebeln, Pfeffer, Liebstöckel, Kümmel, Nelken, Honig, Essig, Wein, Fischsauce, Öl und Most werden innig vermischt und mit etwas Senf geschärft. 390

Gedünstete Langusten. Man öffnet das Brustschild der Langusten und füllt Pfeffer oder Korianderwürze hinein und lässt die Tiere dann in einer Kasserolle dünsten. 391

Gekochte Langusten gibt man am besten mit Kümmelsauce, bestehend aus Pfeffer, Liebstöckel, Petersilie, Minze, sehr viel Kümmel, Honig, Essig, Fischsauce und, wenn man will, auch Lorbeer und Narde. 392

Oder mache eine Sauce aus Pfeffer, Kümmel, Raute, Honig, Essig, Fischlake und Öl. 393

Oder bereite eine Sauce aus Pfeffer, Liebstöckel, Kümmel, Minze, Raute, Pinienkernen, Honig, Essig, Fischlake und Wein. 394

Langusten-Kroketten. Koche die Langusten, nimm alles Fleisch, und wenn vorhanden, auch die Eier heraus, zerschneide alles ganz klein und mache mit Fischsauce, Pfeffer und Eiern einen Teig daraus, der in Mundbissen geformt und so in siedendem Fett ausgebacken wird. 395

Vom Rochen

Dicke Sauce. Verreibe Pfeffer, Raute, Zwiebel, mische dies mit Honig, Fischlake, eingekochtem Most, etwas Wein, gutem Öl, lasse es aufkochen und binde es mit Mehl. 396

Andere Sauce. Verreibe Pfeffer, Liebstöckel, Petersilie, Minze, Majoran, Eidotter, Fischsauce, Most, Wein und Öl. Willst du die Sauce warm reichen, so gib noch Rosinen dazu, wenn kalt, nimm noch Senf und Essig hinein. 397

Vom Tintenfisch und Polypen

Sauce. Verreibe Pfeffer und Raute, gib etwas Honig, Fischlake, Most und einige Tropfen Öl dazu. 398

Gefüllter Tintenfisch. Mache eine Farce aus Pfeffer, Liebstöckel, Selleriesamen, Kümmel, Honig, Fischlake, Wein und Gewürz, gepfeffertem Schweinehirn, genügend rohen Eiern, ganzem Pfeffer und zerschnittenem Fleische, damit fülle ihn, nähe ihn zu und lege ihn in kochendes Wasser. Dann binde die Sauce und lasse den Fisch darin auf dem Feuer gar (steif) werden. 399

Marinierte Tintenfische. Verreibe Pfeffer, Liebstöckel, Koriander, Asant, Pinienkerne, Selleriesamen, Eidotter mit Honig, gib Essig, Fischlake, Wein und Öl dazu, lege das gekochte Fischfleisch hinein und stelle das Gefäß an einen kühlen Ort. 400

Warme Sauce dazu. Verreibe Pfeffer, Liebstöckel, Kümmel, grünen Koriander, trockene Minze, Eidotter mit Honig, Fischsauce, Wein, Essig und etwas Öl, lasse durchkochen und binde die Sauce. 401

Polypen serviert man gekocht mit Pfeffer, Fischlake und Asant. 402

Von Austern, Muscheln und Seeigeln

Zu Austern serviert man eine Remouladen-Sauce aus Pfeffer, Liebstöckel, harten Eidottern, Essig, Öl, Wein und Fischlake; wenn man will, kann man auch noch Honig dazugeben. 403

Für alle Arten von Muscheln. Verreibe Pfeffer, Liebstöckel, Petersilie, getrocknete Minze, sehr viel Kümmel und sowie, wenn du willst, ein Lorbeerblatt und ein Nardenblatt mit Honig, Fischlake und Most. 404

Für Miesmuscheln. Koche die sauber geputzten Miesmuscheln in Wasser mit Fischlake, Lauch, Kümmel, Saturei, Most und gemischtem Wein. 405

Seeigel zubereiten. Nimm einen neuen Topf und verkoche darin Öl, Fischlake, süßen Wein, gestoßenen Pfeffer, gib dann die Seeigel hinein, rühre um und lasse sie durchkochen, streue dann Pfeffer über sie und trage sie auf. 406

Oder koche sie mit Pfeffer, etwas Kostwurz, Minze, Most, Fischlake, Lorbeer und Narde. 407

Oder setze sie unzerschnitten mit kaltem Wasser auf, koche sie gar, nimm sie aus der Brühe und lege sie auf die Servierschüssel. Nun gib in die Brühe Lorbeer, Pfeffer, Honig, Fischlake und Öl, lasse dies gut durchkochen und binde es mit Mehl zu einer Sauce. 408

Eingesalzene Seeigel gibt man mit bester Fischsauce, welche mit gekochtem Wein und Pfeffer vermischt wurde. 409

Oder reiche zu gesalzenen Seeigeln nur beste Fischsauce. Sie werden dann so frisch erscheinen, als ob sie eben aus dem Meer genommen seien. 410

Gefüllte Makrelen. Entgräte sie, dann verreibe man Flöhkraut, Kümmel, Pfeffer, Minze, Pinienkerne und

Honig, fülle damit die Fische, nähe sie zu, wickle sie in Papier und röste sie über leichtem Feuer auf einem Deckel. Serviert werden sie mit einer Sauce aus Öl, Most und Fischlake. 411

Oder koche die Makrelen in Wasser mit Pfeffer, Liebstöckel, Thymian, Majoran, Raute, Nelke und Honig, nimm sie heraus und lege sie auf die Schüssel, verziere sie mit harten Eierscheiben und gib eine Sauce aus Wein, Essig, Most und frischem Öl dazu. 412

Andere Saucen bestehen aus mehr oder minder komplizierten Mischungen der Würzkräuter mit Wein, Lake, Essig, Öl und Honig. 413

Meeräschen, eingesalzene, trage auf mit einer Sauce aus Pfeffer, Liebstöckel, Kümmel, Zwiebel, Minze, Raute, Salbei, Nelken, Honig, Essig und Öl. Auch Majoran und Raute kann dazu genommen werden, doch bleibt dann Liebstöckel, Kümmel und Zwiebel fort. 414

Thunfisch, eingesalzen, serviert man mit einer Sauce aus Pfeffer, Liebstöckel, Kümmel, Zwiebeln, Minze, Raute, Sellerie, Nelken, Honig, Essig, Senf und Öl. Auch für Wels geeignet. 415

Sauce für Meerbarben. Zerstoße im Mörser Pfeffer, Raute, Zwiebel, Datteln und Senf mit einem Seeigel, mische Öl darunter und übergieße mit der Sauce den Fisch. 416

Falscher Fisch. Koche Hasen-, Ziegenbock-, Lamm- oder Hühnerleber, zerreibe sie im Mörser mit Pfeffer, Salz oder Fischlake, gib Öl hinzu und forme aus dem Teig einen Fisch, den du mit frischem Öl übergießest. 417

Andere Art. Verreibe Kümmel und Pfeffer, gib Fischlake und eingekochten Wein oder Most dazu, sowie reichlich geriebene Nüsse. Dies mische zu einem festen Teig, forme diesen mittels der Sülzform und trage das Gericht auf, mit etwas Öl begossen. 418

Andere falsche Sülze. Eine Hand voll Kümmel, halb so viel Pfeffer, dito Rosinen, verreibe mit einer Zehe Knoblauch, gib Fischsauce darüber und verarbeite das Ganze mit Öl. Stellt verdorbenen Magen wieder her und erleichtert die Verdauung. 419

Ragout von Meeresfrüchten. Zerschnittene Austern, Lazarusklappen und Meernesseln koche mit gestoßenen gerösteten Pinienkernen, Raute, Sellerie, Pfeffer, Koriander, Kümmel, eingekochtem Most, Fischlake, Wein und Öl. 420

Zehntes Buch

Kräutersauce für gebratenen Fisch. Verreibe Pfeffer, Kümmel, Koriandersamen, Asantwurzel, Majoran, Raute, gib Essig, eingekochten Wein und Most, Honig, Öl und Fischlake darüber, lasse dies gut durchkochen und serviere damit übergossen Fische aller Art, die du wie üblich vorbereitet und gebraten hast. Streue beim Anrichten Pfeffer darüber. 421

Kräutersauce für gekochten Fisch. Verreibe Pfeffer, Liebstöckel, frische Korianderstängel, Saturei, Zwiebel, 2 harte Eidotter mit Most, Essig, Öl und Lake. 422

Fisch gedämpft. Bereite den Fisch sehr sorgfältig vor, wälze ihn in Salz und gestoßenem Koriandersamen, lege ihn in eine Kasserolle, decke sie zu, vergipse den Deckel, stelle das Gefäß in den Ofen und serviere den Fisch, wenn er gar ist, mit sehr scharfem Essig. 423

Andere Art. Dämpfe den Fisch in Salzwasser mit Koriandersamen und frischem Dill und trage ihn, nur mit Essig besprengt, auf. 424

Alexandrinische Sauce für gebratenen Fisch. Verreibe Pfeffer, Zwiebel, Liebstöckel, Kümmel, Majoran, Selleriesamen, entkernte Damaszener Pflaumen, Mostäpfel, gib Fischsauce, gekochten Most und Öl dazu und verkoche dies alles gut. 425

Sauce für gebratenen Meeraal. Verreibe Pfeffer, Liebstöckel, Kümmel, Majoran, Zwiebel, hart gekochte Eidotter und verkoche dies mit Wein, Meth, Essig und Fischsauce. 426

Sauce für Hornfisch koche aus Pfeffer, Liebstöckel, Majoran, Zwiebel, entkernten Traubenrosinen, Wein, Honig, Essig, Fischlake, Öl. 427

Ähnliche Saucen, bei denen immer die gleichen Ingredienzen, teils in größerer, teils in kleinerer Anhäufung, wiederkehren, oder in denen hin und wieder von seltenen Gewürzen, wie Fenchel, Quendel, Safran, Sumach Gebrauch gemacht wird, und die ab und zu mit Mehl oder Eiern gebunden werden, enthält unser Original noch 24, und zwar für Meerbarben, Makrelen, Barsche, Drachenkopf (ital. rascasso), Muränen, Zahnbrassen, Goldbutt, Skorpionsfisch und Aal. 428

Register

Rezept	Buch	Nummer	Seite
Brei mit Farn-Wurzel	III	70	61
Brei von Gemüsen aufzubewahren	III	106	68
Brei nach Julianischer Art	V	190	92
Brei mit Weinlake	V	191	92
Brei von Milch und Brot	V	192	92
Brei von Kräutern	III	103	67
Brei von Lattichblättern	III	105	67
Brei von Mangold	III	71	61
Brei von roten Rüben	III	69	61
Brei mit Sardellen und Hirn	IV	149	80
Brei von Sellerie und Lauch	III	73	62
Brei von Sellerie	III	104	67
Brei- und Suppenrezepte	V	190–209	92 ff.
Brei nach Varro	III	72	62
Broccoli	III	88–93	65
Champignons	VII	308–309	120 f.
Coloquinten	III	83	64
Damaszener Pflaumen aufzubewahren	I	30	51
Datteln aufzubewahren	I	30	51
Datteln, gefüllte	VII	292	118
Dillsauce, rohe	VII	281	117
Dorade	IV	159	115
Drosseln	VI	229, 230	103 f.
Drossel-Ragout	IV	186	89
Eier-Cême	VII	297	119
Eier, gebratene	VII	320	123
Eier, hart gekochte	VII	321	123
Eier, weiche	VII	322	123
Eierkuchen mit Nessel	IV	165	84
Eierkuchen mit Fischen oder Hühnern	IV	135	75
Eierkuchen mit Kräutern und Gemüsen	IV	135	75
Eierkuchen mit Fliedersaft	IV	136	76
Eierkuchen mit Rosen	IV	137	76
Eierkuchen mit Sardellen	IV	154	81

Rezept	Buch	Nummer	Seite
Eierkuchen mit Birnen	IV	164	83
Eierkuchen mit Gehirn	IV	129	74
Eierkuchen mit Pinienkernen	IV	130	74
Eierkuchen mit Lattich	IV	131	74
Eierkuchen mit konservierten Kräutern	IV	132	74
Eierkuchen mit Feigendrosseln	IV	133	75
Eierkuchen mit Spargeln	IV	134	75
Eierkuchen mit Holundersaft	IV	136	76
Eierkuchen, diverse	IV	135	75
Eierkuchen-Rezepte	IV	129–137	74 ff.
Eisbeine und Spitzbeine aufzubewahren	I	11	48
Endivien-Salat	III	109	68
Ente	VI	219	100
Ente mit Rüben	VI	221	101
Erbsen, dicke, nach Apicius	V	206	97
Erbsenmus, einfaches	V	207	97
Erbsenmus nach Commodus Antonius	V	208	97
Erbsenmus mit Huhn	V	209	98
Erbsenmus, kalt, mit Vinaigrette	V	199	95
Erbsensuppe	V	196	94
Erbsensuppe, indische oder schwarze	V	198	95
Erbsensuppe mit Schweinefleisch	V	202–204	96
Fasan	VI	229, 230	103 f.
Feigen lange zu halten	I	22	50
Feldkräuter-Salat oder -Gemüse	III	107	68
Feldsalat	III	110	68
Feldtauben, gemästet, zu braten	VI	227	103
Ferkel, gekocht	VIII	360	132
Ferkel, gefülltes, gekocht	VIII	361	132
Ferkel mit Semmelfarce	VIII	363	133
Ferkel, gebraten, nach Vitellius	VIII	365	133
Ferkel, gebraten, nach Flaccus	VIII	366	133
Ferkel, gebraten, mit Lorbeer	VIII	367	134

Rezept	Buch	Nummer	Seite
Lamm ganz zu kochen	VIII	352	129
Lammfleisch zu kochen	VIII	348	128
Lamm mit farcierten Därmen	VIII	357	131
Lamm-Gullasch	VIII	349	129
Lamm-Gullasch, einfach	VIII	358	131
Lamm-Hackbraten	VIII	354	130
Lamm-Sauce	VIII	353	130
Lamm-Schnitzel	VIII	350, 351	129
Lauch	III	94–97	66
Liburnisches Öl, Ersatz für	I	6	47
Linsensuppe mit Pilzen	V	193	93
Linsensuppe mit Kastanien	V	194	93
Linsensuppe mit Kräutern	V	195	94
Lungenhaché	VII	291	118
Makrelen	IX	411–413	144 f.
Malven	III	87	64
Mangold	III	98, 99	66
Mastlämmchen zu braten	VIII	356	131
Maulbeeren zu konservieren	I	24	50
Meeräschen	IV	159	82
Meeräschen	IX	414	145
Meerbarben	IV	150	80
Meerbarben in Sauce	IV	172	86
Meerbarben-Sauce	IX	416	145
Meerkrebse	IX	390–395	141 f.
Meerkrebse und -Spinnen	IV	174	86
Mehlbrei, süßer	II	60	58
Morcheln	VII	305–307	120
Muränen	IV	173	86
Muria	I	8	47
Nessel	III	108	68
Nessel-Eierkuchen	IV	165	84
Netzwürstchen von Pilzen	III	119	71
Netzwürstchen v. Schweinefleisch	II	50	55
Netzwürstchen von Schweineleber	II	47	54
Nussbrei	VII	295	118

Rezept	Buch	Nummer	Seite
Ragout, süß-sauer	IV	180	87
Ragout von Frühpfirsichen	IV	181	88
Ragout nach Jägerart	IV	182	88
Ragout von Rosen	IV	183	88
Ragout von Drosseln	IV	186	89
Ragout von Hase	VIII	383	138
Ragout von Meeresfrüchten	IX	420	146
Rebhühner zu dämpfen	VI	224	102
Reh-Saucen	VIII	340, 341	127
Rettig	III	102	67
Rindfleisch-Sauce	VIII	345	128
Rochen-Saucen	IX	396, 397	142
Rosenwein	I	4	46
Rosenwein, falscher	I	5	46
Rüben	III	101	67
Rüben zu konservieren	I	26	50
Sauce zu Austern	IX	403	143
Saucen für Austern und andere Schaltiere	I	32, 33	52
Sauce, alexandrinische, für gebratenen Fisch	X	425	148
Sauce, warme weiße	VII	275	114
Sauce, kalte weiße	VII	276	114
Sauce, kalte, für Langusten und Taschenkrebse	IX	390	141
Sauce zu gekochtem Ferkel	VIII	373	135
Sauce, grüne, kalte	VII	282	115
Sauce, milde	I	40	53
Saucen für diverse Fische	X	428	148
Sauce für Flamingos und Papageien	VI	236	105
Saucen für gedämpftes Fleisch	VII	277-280	114 f.
Saucen für gekochtes Fleisch	VII	272–274	114
Sauce, weiße, für gekochte Gans	VI	233	104
Sauce, weiße, für Hasenbraten	VIII	379	137
Sauce, gewürzige, für Hasen	VIII	386	139
Saucen für Hirschfleisch	VIII	333–339	126 f.
Sauce für Holz- und Feldtauben	VI	227	229
Sauce für Hornfisch	X	427	148

Rezept	Buch	Nummer	Seite
Schweineschulter mit Äpfeln	VII	288	117
Schweinetaschen	VII	252–255	110
Schweinstäschchen, gefüllte	II	61	58
Seebarsch	IV	160	83
Seeigel	IX	406–408	144
Seeigel, eingesalzen	IX	409, 410	144
Seezungen zuzubereiten	IV	156	82
Siebenschläfer	VIII	389	140
Skorpionfische mit Rüben	IV	166	84
Spanferkel mit Apicius-Sauce	VIII	364	133
Spanferkel-Sauce	VIII	375	136
Spargel	III	74	62
Strauß zu kochen	VI	218	100
Sülze nach Apicius	IV	125	72
Sülze mit Brot und Quark	IV	126	73
Sülze, falsche	IX	419	146
Süßigkeiten	VII	292–299	118 f.
Suppe von ungeschälten Bohnen	V	205	97
Tarpejanischer Braten	VIII	355	130
Thunfisch, eingesalzen	IX	415	145
Thunfisch-Klopse	IV	146	79
Tintenfisch, gefüllt	IX	399	142
Tintenfisch, marinier	IX	400	143
Tintenfisch-Sauce	IX	398	142
Tisane von Gerste	IV	184	88
Traubenrosinen aufzubewahren	I	30	51
Trüffeln	VII	310–315	121
Trüffeln lange aufzubewahren	I	27	50
Trüffelwürze, feine	I	37, 38	52
Veilchenwein	I	4	46
Vinaigrette für gekochte Hühner	VI	239	106
Vitellius-Suppe	V	200, 201	96
Vögel, stark riechende	VI	234	104
Vorbereitung von Geflügel	VI	237	105
Wasserrosenwurzeln.	VII	316	121
Weintrauben lange aufzubewahren	I	19	49

SOLI
DEO
GLORIA